読みなおす日本史

皇紀・万博・オリンピック

皇室ブランドと経済発展

古川隆久

吉川弘文館

はじめに

読者の皆さんの中には次のような映像をご覧になったことのある方が少なくないはずである。――神社のようなデザインの建物に向かって立つフロックコートを着た男性の「天皇陛下、万歳！」というカン高い声に唱和する「万歳」の大音声が響く、あるいはいささか古風なデザインのビルディング群を背景に整列した人々が万歳をする――。

というのも、この映像は昭和の戦時期を象徴する映像の一つとして、戦場や空襲の映像などとともに少なくとも年に一度はテレビ番組で使われているからである。実際、先日もＮＨＫ教育テレビの番組「新日曜美術館」（一九九七年八月三日放映）の中で使われていた。

この映像は、日中戦争もたけなわの一九四〇（昭和一五）年一一月一〇日、新装なった皇居前広場に昭和天皇と皇后を迎え、約五万人が集まった、紀元二六〇〇年式典の模様を報じるニュース映画の一部で、カン高い声の主は時の首相近衛文麿である（ちなみにこのニュース映画〔「日本ニュース」二二三号〕のビデオは、川崎市市民ミュージアムビデオライブラリーで視聴できる）。そして、このイベントこそ、紀元二六〇〇年奉祝イベントのクライマックスとされる行事であったし、この日を中心に行なわれた奉祝行事（儀式、式典、催物など。施設や記録を作る記念事業とは区別する）の参加者は、政府の公式記録によればのべ五〇〇〇万人に達したのである。

この紀元二六〇〇年という言葉は、神話にもとづき、初代天皇とされる神武天皇の即位が西暦の紀元前六六〇年に行なわれたとし、この年を日本の建国元年とする紀年法（神武天皇紀元。皇紀ともいわれた）で二六〇〇年たったことを意味している。すなわち、世界の歴史における日本の卓越性を天皇をシンボルにして表現した言葉なのである。

当然、この映像から受けるイメージは、天皇の名のもとに国民が盲目的に戦争に動員されていくといったものであり、最近市民権を得た「マインド・コントロール」という言葉さえ連想させられる。おそらくテレビでよく使われるのも、「戦争に動員される国民」（それもだまされて）というイメージにピッタリだからであろう。そして歴史学の世界でもこのイベントは従来そのようなイメージでとらえられてきた。

ところが、ふとしたことから自分でこのことについて調べはじめてみると、どうもずいぶん話が違うことに気がついた。すなわち、この話の発端は少なくとも式典の一〇年前にさかのぼり、しかもオリンピックと万国博覧会（万博）を東京を中心に一九四〇年に開催する構想が大きくかかわっていることがわかってきたのである。一部の軍人はともかく、一般に一〇年も前から、しかもオリンピックや万博を使って戦時動員が計画されるとは考えにくい。そこで、式典に至るまでの経緯（政治過程）

を研究してみることになったが、気がつくと調査は明治初期までさかのぼるだけでなく、現代への遺産・影響におよび、実に広範な話題を扱うことになってしまった。そして、そこにはわれわれの従来の歴史常識ではとらえきれない、意外で身近な（俗っぽく言えば、「目からウロコが落ちるような」）事実や考え方、人々の生き生きとした言動があふれていた。当然、話はこうした状況をどう歴史的に説明すべきかにおよぶことになる。

つまり本書は、皇紀、万博、オリンピックという、相関連していた言葉や構想を軸に日本近現代史をとらえなおそうという試みである。それは、現在でもしばしばみられる、日本近現代史に関する一方的な暗黒史観や賛美史観ではとらえきれない、日本近現代史の豊かさに光をあてることになる。そして、それは広く国家や社会の中での人間のあり方を考えるヒントともなるだろう。本書のねらいはまさにそこにある。

なお、話を進めていく上でのキーワードは「皇室ブランド」と経済発展という二つの言葉である。このうち、「皇室ブランド」とは、皇紀のほか、天皇家の歴史、天皇の即位や長期の在位記念、皇族など、イベントや運動の大義名分となる皇室関係の言葉や概念、人物をさす。なぜこの二つがキーワードとなるかは追い追い明らかになるであろう。

以下、まずは、一九四〇年の万博・オリンピック構想の名目上の引き金となった皇紀の話からはじめよう。

なお、読みやすさを考え、漢字は原則として新字体を用い、数字表記は引用史資料名のみ原文通りとし、引用史料は原則として文意を損なわない範囲で原文を修正し、カタカナはひらがなとし、引用史料中の引用者の注記は〔 〕で行なった。また、引用史料中には現在では適当でない表現もあるが、歴史史料としての性格からそのままとした。さらに、読者の皆さんがご自分で調べていただく場合の手がかりとするため適宜典拠を略記したが、頻出する新聞は、『東京朝日新聞』は『東朝』、『大阪朝日新聞』は『大朝』（一九四〇年九月の両者統合後は『朝日』）、『都新聞』は『都』とした。

また、第三章以後多く用いる史料として『紀元二千六百年祝典記録』（以下『祝典記録』）と『天業奉頌』（一九四二年）がある。前者は一九四三年に出版された政府の公式記録で、全一二冊に写真帳三冊がついた詳細かつ膨大なものであるが、一二部しか作られず、皇室や内閣など関係機関のみにしか配布されなかったが、現在では国立公文書館などで閲覧できる。後者は前者を一般向けに要約した一冊本で、一万部作られ、二〇〇〇部は官公庁、学校や関係者に配布され、残りは市販された。後者は部数が多いせいか、各地の大きな図書館で見ることができるし、古書としても出回っている。前者は部数の少なさと政府、皇室関係の記述がとくに詳しいことから、以後の事務の参考のためや天皇の伝記編纂用の内部資料として作られたと考えられる。その他の典拠の詳細は巻末の参考史資料目録を参照していただきたい。

目　次

第一章　皇紀法制化（一八七二年）と国家イベント

1　皇紀（神武天皇紀元）―紀年法の近代化

明治五年一一月一五日（西暦では一八七二年一二月一五日）、政府は、「神武天皇御即位をもって紀元と定められ候」という太政官布告第三四二号を出した。太政官布告とは現在の法律に相当する効力をもつ法令なので、このことは、皇紀が正式の紀年法とされたこと（法制化）を意味する。では皇紀という紀年法はなぜ生まれ、なぜ一八七二年という段階で法制化されたのであろうか。以下、主として、この問題について最も包括的な研究である中山久四郎編『神武天皇と日本の歴史』によりながらみていこう。

まず、皇紀誕生の事情であるが、西暦六〇二年に百済の僧観勒《かんろく》が日本に中国の暦法を伝えた中に讖《しん》緯《い》説があった。これは、十干十二支で一二六〇年周期の最初の辛酉（かのととり）と甲子（きのえね）の年に大変革が起きるという説である。これに注目したのが当時女帝推古天皇の下で摂政となっていた聖徳太子であった。太子は、中国に遣隋使を送った際、時の皇帝煬帝《ようだい》に「日出ずる処の天子、書を日没する処の天子に致す」と書き送って煬帝を激怒させたことから明らかなように、中国から最新の政治制度を取り入れつつ、天皇家を中心とする独自の国家を建設しようとしていた。そこで、太子は讖緯説を変革の正当化に利用したのである。

すなわち、甲子の年にあたる西暦六〇四年から中国式の暦法（月日の数え方）を採用するとともに、天皇統治を正当化するため、辛酉の年（六〇一年）から一二六〇年さかのぼった年（西暦で紀元前六六〇年）を、伝説上の初代天皇（神武天皇）即位の年、すなわち日本国家創始の年として、史書「天皇記」を作成した。これによって、天皇中心の変革と日本の独自性がともに正当化された。そして、この考え方は以後受け継がれ、舎人親王らが朝廷の正史として七二〇（養老四）年に完成させた『日本書紀』において、天照大神《あまてらすおおみかみ》の子孫で、九州から諸国統一の戦い（「東征」という）を続けてきた神日本磐余彦《かんやまといわれひこ》が、畝傍《うねび》（現在の奈良県橿原市《かしはら》）に橿原宮を定めて初代天皇（神武天皇）に即位したのが紀元前六六〇年元旦とされ、この年が「天皇の元年」、すなわち神武天皇紀元元年とされたのである。

以後この紀年法は歴史書でしばしば使用されていく。たとえば、『大鏡』、北畠親房『神皇正統記』など、中世の著名な歴史書にも用例がみられる。そして江戸時代中期以後、尊皇思想が広まるとともに、水戸徳川家の『大日本史』といった歴史書のみならず、詩文などでも用いられるようになり、神武天皇の陵墓とされる遺跡の修復の主張もあらわれ、知識人（武士、学者、富裕な庶民）の間では皇紀の存在は自明のこととなっていた。

こうしてみてくれれば、欧米による植民地化を防ぎ、できるだけ早く不平等条約を改正する（「万国対峙」の実現）ための必要条件とされた近代化を推進させるための変革（明治維新）が、天皇親政（天皇主権）をうたい、変革の開始を宣言した「王政復古の大号令」（慶応三年一二月九日、西暦では一八六八年一月三日）の中で、「神武創業の始にもとづき」とうたっていることはごく自然であることが理解できる。なぜなら、植民地化を防ぐには、変革にともなう内戦をできる限り避け、さらに国内の団結を強化することが必要であるが、その手段として、長年君臨してきたことから、当時その政治的権威としての正統性をだれも疑うことのなかった天皇はうってつけであったからである。こうして皇室ブランドは、国家統合と近代化のシンボルとなった。

そしてこうした動きとともに、紀年法に関しても元号を廃止し、代わりに皇紀を正式とする主張があらわれた。早くは慶応三年一一月に幕府の洋学者西周が時の将軍徳川慶喜《よしのぶ》に提出した憲法草案の中にみられるが、明治維新後最初のもので、理由を明確に記したものとして、明治二（一八六九）年四月に刑法官権判事（現在でいえば法務省の幹部にあたる）津田真一郎（真道《まみち》）が公議所（各藩の代表者で構成された政府の諮問機関）に提出した建議がある。その建議の中で津田は、元号は「煩雑の極」、つまり非能率なので紀年法としてはよくないとした上で、次のように論じている（『明治文化全集』第一巻）。

目今世界万国と御交際のとき、西洋諸国は皆彼教祖生年をもって元を紀し千八百幾年、土耳其《トルコ》回《かい》部《ぶ》〔イスラム教〕諸国は千二百幾年〔イスラム紀元〕、如徳亜人《ユダヤ》は更に天地開闢をもって元を紀するといって、四千幾年とか称するなり。いずれも史伝紀年至って簡易明亮《めいりよう》にて〔中略〕、皇国においてもこのたび御一新のときを好機会とし、橿原の聖世御即位の年をもって元を建て、百万世是を用いたまわば、紀伝歳月簡易明亮ならん。

すなわち、開国維新のこの際、世界各国（各地）と同様に、君主が代わっても変わらない紀年法が能率的であるとして皇紀を正式の紀年法とすることを提唱している。つまり、紀年法の近代化を主張しているのである。津田は西とともに幕末にオランダに留学し、近代化推進論者の一人であったことから、西も趣旨は同一とみてよい。そして、近代化（「文明開化」）の手段として、日本の国家としての独自性のシンボルを持ち出すところに、当時の政治社会における、不平等条約改正（真の独立）への思いがいかに強かったかがうかがわれる。つまりこの主張は当時においてきわめて合理的な主張であった。

しかし、維新政権は山積する当面の課題に追われており、この意見が採用されるのは、先にみたように明治五年一一月のことである。しかもその直接の要因は、太陽暦の採用であった。この改暦問題自体、近代化にともなう懸案の一つであったが、このとき実施された直接の理由は、太陽暦が太陰暦より約一月進んでいることから、政府の財政難打開策の一つとして役人の給料を一ヵ月分節約するためであった（『明治改暦』）。

直接的にはなんとも情けない理由ではあったが、ともかくも皇紀は「文明開化」の一環として法制化され、明治五年一一月三日は紀元二五三三年一月一日となり、『日本書紀』にある皇紀元年元旦を太陽暦に換算した日（当初一月二九日、翌年換算しなおして二月一一日）は建国を記念する日として紀元節という祭日（休日）となり、『日本書紀』にある神武天皇の命日を太陽暦に換算した四月三日には宮中や各神社で神武天皇を祀る祭式（神武天皇祭）が行なわれることとなった。

皇紀が法制化された結果、公文書（ただし元号、西暦も併用されていた）をはじめ、さまざまな書物の本文や奥付で使用されていっただけではなく、小学校の日本史（当時は国史といった）の教科書（元号と並記）や、神仏分離によって独立した神社でも使用され（神宮暦。この場合は現在も使用）、一般庶民にも広く知られていった。そして、この紀年法は天皇家の君臨の歴史と重なることから、日本が世界有数の長い歴史をもつ国家であるという観念が生まれることになる。ちなみに、単なる偶然とは思うが、明治維新は聖徳太子の諸改革開始からほぼ一二六〇年後のことである。

さて、一八九〇年は、皇紀においても二五五〇年というキリのよい年にあたっていた。記念イベントのような企画はどの程度立てられ、どの程度実現したのだろうか。

2　橿原神宮の創建

企画あるいは実現した紀元二五五〇年記念イベントの中で、本書の内容からいって最も重要なのは橿原《かしはら》神宮の創建である。というのも、この神社は神武天皇を祀る神社であり、紀元二六〇〇年の際に重要な役割を担うことになるからである。そこでまずその話から入りたい。

前述のように、江戸時代に神武天皇への関心が高まった結果、当時は荒れ果てていた神武天皇陵とされる陵墓（畝傍《うねび》山麓に所在）修復の動きが国学者や勤王志士、水戸徳川家からあらわれ、幕府は一八六三（文久三）年に修復を実行している。そしてこれと並行して神武天皇を祀る神社の創建も主張されるようになった。その始まりは一八三三（天保四）年水戸徳川家の当主徳川斉昭《なりあき》が藩内に造営しようとしたもので、その後も幕末にかけて、幕府や東本願寺が陵墓の横や京都に神社造営を構想したものの、実現にはいたらなかった（『神武天皇と日本の歴史』）。

そうしたなか、一八八八（明治二一）年二月一日付で「橿原御宮趾保存の儀に付建言」と題する一通の建言書が内務大臣山県有朋あてに提出された（以下、とくにことわらない限り、『橿原神宮史』巻一所収史料による）。提出したのは、畝傍に近い奈良県高市郡上子島村に住む農民で当時県会議員（農民といっても県会議員をつとめるほどだから、有力者、いわゆる豪農であろう）をつとめていた西内成郷である。それによると、西内は神武天皇陵の管理人をしていたが、神武天皇が即位したはずの橿原宮の位置がわからないのは「遺憾」であるとして、古文書などを調査した結果、橿原宮跡を確定できたので、今度の神武天皇祭の日に勅使に点検してもらい、確認できたら、費用は自分が出すから国有地とした上で記念碑を建ててほしいというものであった。この文書ではいかにも西内が「発見」したようになっているが、実は郷土史家奥野陣七が発見し、その処置を西内に相談した結果であることを、一九四〇年になって橿原神宮の宮司が著書で明らかにしている（『橿原神宮史』巻二）。

その後県で調査の結果間違いないこととされ、翌一八八九年四月に宮内省が該当の土地を買い上げることとなったが、四月一三日付の買収担当者の県知事への報告書には、興味深いエピソードが記されている。すなわち、一一日に「関係地主招喚し地所買上の示談を遂ぐるに、各地主においては、先年近傍帝陵地所買上代価、すなわち地券面地価壱割五分の増額をもって買上せられんことを請求せり」と、地主側が別の例を参考に買収価格（公定地価の一五パーセント増）を提示してきたのである。これに対し担当者は「御都趾保存せざるべからざるの趣旨」を「懇篤説明」した結果、公定地価の一二・五パーセント増で買収に成功した。皇室関係の買収だからといって売り手が一方的に買い手の言いなりになっていないことは、われわれの常識とずいぶん違う。

そして橿原宮跡をめぐる動きは一気に高市郡全体に波及する。四月一九日、西内を含む郡内有志が会合し、五月には県知事あてに「橿原神社建築願」を提出した。その内容は、調査の結果郡内畝傍が橿原宮跡と確定され、「地方人民歓喜あいともに雀躍せざるなし」だが、明治二三年は紀元二五五〇年にあたるので、「この好機失うべからざるをもって」「紀念として一大神殿を設立し、皇国人民は勿論、皇統連綿たる聖化を敬慕し、ひいて海外人をして万世不変の威徳を知らしめんと欲す」となっていた。すなわち、ちょうど紀元二五五〇年が来ることでもあり、この際神武天皇の偉大さを国民のみならず外国人にも知ってもらうため橿原宮跡に神武天皇を祀る神社の建設を許してほしいというのである。

ここで注目したいのは、広く内外人に来てもらいたいという思いがうかがえる点である。実際、四月一九日の会合でも、「道路を変換し衆庶参拝の輩便否等談議」、つまり、参拝者のための施設整備が話題になっているのである。この年神戸で宿泊した外人観光客が二〇〇〇人を超えている（『旅行ノススメ』）ことも考え合わせれば、橿原宮跡を使った観光地化による地域振興がもくろまれていたとしか思えない。そして、開国当初は排斥の対象であった外国人が「威徳を知らしめん」とする対象に含まれるあたり、やはり近代化の影響が感じられる。

しかも、われわれの先入観からすれば、皇室ブランドをダシにした地域利益の追求など「不敬」とされて批判されそうなものだが、そうした気配はまったくなく、この願いはすぐ政府に聞き届けられた。ただし、政府の援助は、社殿として使用するよう京都御所の一部（内侍所、神嘉殿）を下賜し、費用のごく一部を負担したにとどまった。

創建当時の橿原神宮（『橿原神宮史』巻一）

そして、この段階でも興味深いエピソードがある。建築費が自費でまかないきれなくなった出願者たちは八月以後寄付金の募集を開始したが、この寄付金募集の名を騙《かた》って金をだましとる詐欺事件が発生し、注意を呼びかける広告を新聞に掲載する事態となったのである。このあたり、現代となんら変わらない感じがする。

さて、神社は一八九〇年三月二〇日に完成し、明治天皇から橿原神宮と命名され、天皇家の神社として特別扱いの伊勢神宮を除けば最高ランクの官幣大社に格づけされた。そして神武天皇祭の前日、四月二日に神武天皇の神体を祀る「霊代奉告祭」が勅使参列の中で行なわれ、橿原神宮は神社としての活動を開始したのである。

ここまでみてきて特徴的なことが二つある。一つは、天皇、あるいは皇室（要するに皇室ブランド）に対する人々の認識がどこか醒めていることである。少なくともここでみた限り、人々は天皇や皇室に対する尊敬の念はもちろんもっているものの、それにすべてを捧げる「滅私奉公」的な認識はない。そしてこうした状況は特殊なものではない（『近代天皇像が形成』）。

橿原神宮の事例では、その原因をさぐる手がかりは少ないが、大日本帝国憲法と皇室典範の制定によって近代の皇室制度と国家におけるその位置づけが一応確定するのが一八八九年であったことや、『近代天皇像の形成』の内容をふまえて考えてみると、当時の人々は、新しい天皇のありかたが形成されていくのをみていた（あるいはその形成にみずから参加していた）わけであり、当然盲目的に天皇を神格化するはずはなかったのである。

もう一つは、橿原神宮の創建過程での国家の対応である。当時神社は国家神道の名のもとに国家の特別な保護を受けているはずであり、しかも橿原神宮は日本国家の創始者とされる人物を祀る神社である。それにしては国家の対応が冷たくはないだろうか。その理由としてまず予測できるのは財政難である。

実際、当時の政府は財政難であった。近代化促進のためになすべきことは多く、しかも議会開設にともなう初の総選挙で、「民力休養」の名のもとに減税をとなえる民党（民権派の流れをくむ政党）が予想通り衆議院の圧倒的多数を占めたため、政府はこれに対応して予算規模の拡大を抑制したからである。というのも、憲法では、国家予算の確定には帝国議会の協賛（貴衆両院での可決）が必要とされており、不平等条約改正達成の必要条件の一つに近代的な国家体制の確立があった当時では、政府も民党も日本が議会を円滑に運用しうることを世界に示すため、できるだけ対立を回避しようとしていたのである（『日本議会史録』一）。

もっとも憲法には、予算が否決された場合の条項も作られてはいた。それは政府が前年度の予算を執行できるというものであるが、近代化促進のため常に予算拡大の傾向にあった当時においては、実際には議会の権限を強める結果となった（『明治憲法体制の確立』）。これもまた日本が近代的制度を運用できることを示すためにほかならない。私はかつて小学校や中学校で大日本帝国憲法がいかに良くない憲法かという例として、政府の前年度予算執行権を根拠に議会を軽視していると聞いた覚えがあるが、こうした説は当時の事情を無視した誤った説なのである。

だが、これだけでは橿原神宮冷遇の説明にはならない。たとえ財政難でも、政策上の優先順位が上ならば、政府がもっと橿原神宮に財政的援助をしうるからである。実は、当時、国家神道という名目とは裏腹に、伊勢神宮以外の神社は財政的にも、名目的にもきわめて冷遇されていた。従来、戦前は神道が事実上の国教とされて国家の手厚い保護を受け、他の宗教は冷遇、あるいは弾圧されたと言われてきた。しかし、太平洋戦争期や、明らかに当時の国家のあり方に異議を唱える場合（大本教）などを除いては、こうした歴史常識はまったくの誤りである。神道をめぐる当時の実態とその意味は近年ようやく明らかになりつつある（以下、「国家神道の形成と展開」『国家神道形成過程の研究』「明治憲法下の神祇官設置問題」)。

とりあえず明治期のみておくと、天皇親政を正当化し、それを国民に認識させるため、明治維新当初は確かに神道は事実上の国教として特別扱いされた。すなわち神道だけのために特別の役所(神祇官。神祇省と教部省に発展)が設けられ、国家が布教活動を行ない、全国の神社を国家の施設とみなし(当然神職も官吏待遇となる)、官幣社(その中はさらに大中小に分かれる)、国幣社(同上)、府県社、郷村社、別格社などと細かくランクづけした上で、ランクに応じて各神社の経費の一部を国家が負担することとした。

ところが、仏教界やキリスト教界から、近代国家の原則であるべき信教の自由に反するという意見があらわれ、政府は結局一八八二(明治一五)年から一八八四年にかけて、神道は宗教ではないという考え方を打ち出して神道の特別扱いを継続することとした。その理由を煎じ詰めれば、不平等条約の改正が至上命題であったためにほかならない。その結果、神道は宗教ではなくなったので布教活動ができなくなった上、政府が代わりに持ち出した名目が神道は「国家の宗祀」という概念であったため、土地の神を祀るなど、本来国家とは関係の薄い神社が大多数を占める府県社以下の神社への財政支援も停止され、中央の行政機構も、独立の官庁から内務省神社局に縮小格下げされた。橿原神宮の創建はちょうどこうした時期にあたっていたのである。政府が冷淡なのも無理はない。

しかも「国家の宗祀」という名目自体が意味不明であり、元来神道も宗教の一種であることは明らかなので、以後神社の性格をめぐって宗教界や宗教学者の間で延々と議論が続く一方、待遇を引き下げられて当然不満な神道界はもちろん、民間でも神道国教化の声は残り、民党系代議士が圧倒的過半数を占める衆議院で神道国教化を政府に要求する建議や請願がたびたび採択されていくのである。

とにかく、橿原神宮は地元有力者たちの熱心な運動によって創建された。そしてその背景には近代化にともなうさまざまな問題がからんでいたのである。

3　政府の紀元二五五〇年（一八九〇年）記念イベント

政府の紀元二五五〇年記念イベント構想として最初のものは、一八八三（明治一六）年から始まった亜細亜大博覧会構想（アジア初の事実上の万博構想）である。

一八五一年に世界初の万国博覧会としてロンドン万博が行なわれ、六〇〇万人もの観客を動員する大成功を収めて以来、産業化や植民地拡大の波に乗って、欧米各国の主要都市は競って万博を開催した。それはまるで万博開催がその都市のステータスとなるかのごとくであったが、とくにパリやロンドンでたびたび開催された万博は他を圧倒するスケールであった。しかも万博は都市改造の契機ともなった（『博覧会の政治学』）。

日本は幕末から万博に参加をはじめていた（一八六七年のパリ万博）が、明治政府は殖産興業政策の一環として、欧米の万国博覧会に範をとった博覧会の開催を計画した。その結果、西南戦争中の一八七七（明治一〇）年八月から一一月まで、東京の上野公園で政府主催の第一回内国勧業博覧会が敷地面積約三万坪、経費一二万円余で開催され、四五万人の入場者をみた。政府は同年一二月、以後四年ごとに開催することとし（太政官布告第八八号）、第二回はやはり上野公園で一八八一年三月から六月まで行なわれ（敷地四万三〇〇〇余坪、経費二七万円余）、入場者は八二万人をかぞえた（『国史大辞典』）。

ところが、一八八三年七月、政府は財政難や、交通、通信の発達により開催方法を再検討する必要があるとして、一八八五年開催のはずの第三回をさらに四年先に延期することとした。そこへ、これをさらに一年延期して紀元二五五〇年を記念する大規模博覧会に拡大する構想が浮上した（以下、主に「第三回内国勧業博覧会と亜細亜大博覧会計画」）。農商務卿（現在の農林水産大臣兼通産大臣に相当）西郷従道《つぐみち》が一八八五年六月五日付で政府に出した意見書「亜細亜大博覧会開設の件」がそれである。彼は西南戦争で没した西郷隆盛の弟であるが、博覧会行政は農商務省が所管していたことから、これは彼個人の意見というより、農商務省としての意向が強く反映していると思われる。

西郷はその中で、従来の共進会（現在の言葉でいえば物産展）や内国博の開催、外国の万博への参加の実績が民業振興に効果ありとした上で、次のように主張した。

来たる二三年は紀元二五五〇年相当につき、紀元祭〔神道の祭式のこと〕御執行あい成るべきやともあい考え候えども、海外には米国独立一〇〇年祭、濠洲建国一〇〇年祭等の挙これあり候〔一八七六年のフィラデルフィア万博、一八七八年のシドニー万博、一八七九年のメルボルン万博をさす〕につき、右にならい、皇祚《こうそ》長久〔皇室が長く続いていること〕を祝し、かつ内はもって民業を鼓舞し、外はもって交誼を収めしため、亜細亜大博覧会を開き、同洲にある締盟国〔国交のある国。中国の清朝と李氏朝鮮〕は勿論、また属地〔植民地〕を有する他邦〔つまり欧米諸国〕へも出品を請求し、該地の産出品を一場に蒐集し、甲乙の優劣を比較し、内地各業の改良を計画し、海外販路の開進を企図し、兼ねて外交の好宜をしてますます親密ならしめば一挙両得の良計と思考いたし候。

要するに、欧米諸国で国家的に記念すべき年に万博が行なわれている例にならい、日本でも紀元二五五〇年を記念して、アジア初の事実上の万博を開催しようという提案であった。そしてその主眼が国家の「殖産興業」の一層の促進にあることは、末尾の目的三つのうちはじめの二つが経済関係であることから明らかである。つまり、近代化促進策としての万博開催提案であった。ただし、あえて万博といわず亜細亜大博覧会と名づけたところに、欧米諸国と比較すればいまだはるかに及ばないという自覚がうかがわれる。

政府はこれをうけて七月に農商務省関係者を中心とする「亜細亜大博覧会組織取調委員」二六名を任命し、調査の結果、翌一八八六年六月に、開催を是とし、概要案を添えた報告書が政府に提出された。元来農商務省が言い出したのだから当然の結論である。

ところが九月になって、大蔵省が反対の意向を示した。すなわち、博覧会の効用は認めるものの、財政は当面、外交、軍備で手一杯なので、大博覧会の規模を縮小して、第三回内国博に小規模な外国参加を認めるという案を提唱した。結局は一八九〇年に第三回内国博が東京の上野公園で行なわれた（敷地四万坪、経費五六万円余、観客一〇二万人余）ものの外国参加はなく、公式に紀元二五五〇年記念と銘打つこともなかった。要するにこの構想は、財政難のため机上プランに終わったのである。

結局、紀元二五五〇年の紀元節に政府が提唱し、かつ実際に行なったイベントは二つだけであった。一つは宮中における舞楽の上演であるが、これは政府高官と各国公使のみの参加というささやかな催しであった（『明治天皇紀』第七）。

これに対し、金鵄《きんし》勲章の制定は広く一般に関係することになるイベントであった。その制定事情は次のようであった（同右）。

いまだ欧州諸国のごとくもっぱら武功を表彰するものあらざるをもって、明治二一年一月各種勲章増設の際、これを設けてもっぱら武功抜群の将士に授けんとの議ありしが、内勅によりその創定を神武天皇即位二五五〇年の紀元節まで延期したり。この日まさにその期に当る。すなわち神武天皇東征の故事により、金鵄を配してこの勲章を按出す。

すなわち、欧米にならって実戦で活躍した軍人に与える勲章を設けることとしたが、天皇の意向で紀元二五五〇年の紀元節に創設することにした。その理由は、この勲章は、神武天皇東征の故事にデザインと名称をとったからであるというのである。その故事とは、神武天皇東征のさなか、長髄彦《ながすねひこ》との戦いに苦戦していたところ、金鵄（金色のトビ）が神武の持つ弓にとまって光を発し、長髄彦やその軍勢は目がくらんで戦えなくなり、その結果神武が勝利を得たという物語である（『日本書紀』）。

ここでのポイントは、欧米に範をとったという点と、神武天皇が軍事的シンボルとされていることである。前者に関していえば、これはまさに近代化の一環であることがわかる。後者に関していえば、有名な「軍人勅諭」（一八八二年一月）の冒頭でも、

我国の軍隊は、世々天皇の統率し給う所にぞある。昔神武天皇みずから大伴物部の兵《つわもの》どもを率い、中国〔西日本一帯〕のまつろわぬものどもを討ち平げ給い、高御座《たかみくら》〔皇位〕に即かせられて、天《あめ》の下《した》しろしめし給いしより二五〇〇有余年を経ぬ。

と、天皇が軍事上でも最高指導者であることを神武東征神話によって正当化しており、今回の勲章のデザイン、名称がその延長線上にあることは明らかである。そしてさらにその点を印象づけるため、創設を紀元二五五〇年の紀元節にするという演出が行なわれたのである。このイベントは、独自性をもった近代化という点で、皇紀法制化と同様、不平等条約の改正という当時の日本の課題を如実に反映していたといえる。

なお、この勲章は一八九四年に実施のための規定が整備され（階級と功績に応じて七段階に設定され、

年金も支給された）、日清戦争以後、太平洋戦争敗戦まで二五万五〇〇〇人に授与されることになる。あるいは皆さんのお宅やご実家にもあるのではなかろうか。

結局、紀元二五五〇年記念イベントとして実現したのは、橿原神宮の創建と金鵄勲章制定と舞楽上演の三つで、亜細亜大博覧会は机上プランに終わった。しかも政府が自発的に行なったのは金鵄勲章制定と舞楽上演のみであり、全体としてささやかなものとの印象を免れない。憲法、議会など、このころ一応近代国家の体裁が整ったとはいえ、不平等条約改正という課題を残したこの段階では、日本にはまだ国をあげての大イベントを行なう余裕はなかったのである。ただし、亜細亜大博覧会や橿原神宮のように、皇室ブランドの機能が近代化のなかでも経済発展のシンボルとして機能する可能性があらわれたことは注目しておきたい。

さて、これらのイベントのうち、唯一実現しなかったのが亜細亜大博覧会であったが、一九〇三（明治三六）年に大阪で行なわれた第五回内国博が、外国参加を実現しただけではなく、従来の内国博の数倍の規模（一八九五年に京都で行なわれた第四回が敷地五万坪、経費四四万円、観客一一三万人に対し、敷地九万七〇〇〇坪、経費一〇九万円、観客四三五万人）の盛況となり（『国史大辞典』。ちなみにこの会場跡が現在の新世界）、雑誌にも万博開催論があらわれた（『改訂版　万国博覧会』）。そして日露戦争をきっかけに万博開催構想は一気に具体化する。実はこの場合も結局は幻に終わるのだが、紀元二六〇〇年奉祝記念万博構想の前史として欠かせない話を含んでいるので、次章でみてみたい。

第二章　幻に終わった明治の大博覧会計画

1　発端―日露戦勝を祝って

極東の小国日本が東北アジアへの影響力をかけて軍事大国ロシアに挑んだ日露戦争（一九〇四年二月開戦）は、日本側の動員数一〇〇万人以上のうち、死者八万人以上、負傷者一四万人以上という大きな犠牲をともないながらも、一九〇五年に入り、旅順陥落（一月）、奉天会戦（三月）と日本海海戦（五月）の勝利など、戦略的勝利を得つつあった。しかし一方で戦費の調達は限界に達しており、六月一日、日本はアメリカに講和交渉の仲介を依頼した。アメリカはこの戦費調達に協力していた関係上これを受けいれて九日に日露両国に講和を勧告し、国内の政情が不安定化していたロシアも一二日これを受諾した。

こうしたなかで、六月一七日に農商務省が「平和克復の後をまち万国博覧会を開設する」旨の書類を閣議に提出したことが、後出の同年一一月の農商務相から首相あての文書の記述からわかる。原本そのものは今のところ見つからないが、内容は右の表題から十分推測できる。実は従来この時の万博計画は民間からの要望によって具体化したとされてきた。それは太平洋戦争後に出版された万博関連文献がこの計画にふれる際、ほぼ必ず下敷きにされてきた永山定富『内外博覧会総説』という一九三三年に出版された本がそう書いているからである。ところが、今までのところ、この文書がこの時の万博構想に関する最初の史料であることから、今回の万博計画も亜細亜大博と同じく、政府のイニシアティブによって始まったことがわかる。

では、なぜこの時期に万博計画が提唱されたのか。最大の原因はこの時期にはまだロシアから賠償金を獲得する可能性があったことである。たとえば、原敬（立憲政友会幹事長）が益田孝（三井物産社長）に語った、「償金を得ばそのまま欧米に預け置き、その信用をもって各事業の改良を図ること得策なり」（『原敬日記』一九〇五年六月三〇日条）という言葉はそのあらわれである（ちなみに政友会は当時衆議院の第一党でかつ過半数を占めていた有力政党）し、時の第一次桂太郎内閣が超党派の戦後経営調査機関設立をもくろんで六月二三日に会合を開いた（『日本議会史録』一）のも、こうした期待を裏づけている。

なお、当時戦勝国が相手に賠償金を請求するのは当然のことであり、日清戦争（一八九四―九五年）でも、よく知られているように、中国から三億円余（開戦前の単年度あたりの国家予算の三倍）の賠償金を得て、近代化の促進に役立てた経験があった。

しかし、八月にアメリカのポーツマスで講和会議が始まってみると、仮に交渉が決裂してももはや戦争を継続する資力が日本にないことを知ったロシアは賠償金の支払いを拒否し、結局九月五日調印の講和条約（ポーツマス条約）では賠償金はなしとなった。これに対し、日本の苦しい財政事情を知らされておらず、これを単に政府の弱腰ととった国民の不満が爆発し、周知の日比谷焼打事件（九月五日）が起こることになった（同右）。

賠償金が得られなかった結果、戦時増税の解消どころか、一三億円の戦時公債、なかでも、アメリカ・イギリスの銀行から借りた約七億円の外債の返済が重くのしかかることとなった。一一月に入り、清浦奎吾農商務相から、

〔六月には万博開催を提議したが〕今般平和克復については現今の場合、これを全然万国博覧会の組織となすべきか、または大体内国勧業博覧会としてその一部を万国的組織となすべきか、あるいは純然たる内国勧業博覧会となすべきかにつき、なお篤《とく》と調査を遂げ、あわせてその開設に関する諸般の準備をなすの必要これあるにつき、まずもって来たる明治四〇年に開設すべき第六回内国勧業博覧会を延期し、農商務省中に博覧会調査委員を設け、十分にこれが調査を遂ぐることにいたしたく〔後略〕

として、二万五〇〇〇円余の追加予算（博覧会調査費）の議会提出を求める文書が桂首相に提出された（「博覧会開設調査委員設置の件」）のは、「現今の場合」が賠償金なしを意味していることはまちがいないことから、こうした事態をうけて、万博計画も再考を余儀なくさせられたことを意味している。

この申し出は一二月一五日の閣議で承認され、第六回内国博は延期となった。

そして、政友会が桂との単独提携に成功した結果、この内閣を引き継いで一九〇六年一月七日に成立した第一次西園寺公望内閣（西園寺は政友会総裁。原も内務大臣として入閣）は、すでに第二二回帝国議会が会期に入っていたため、当面この方針を引き継ぐことになる。

一方、民間による万博開催運動が始まるのは、東京において行なわれていた全国商業会議所連合会における戦後経営に関する政府への建議である。一〇月六日に行なわれた建議（全二六項目）の中に「万国博覧会の開催」という項目が含まれ、

今次戦捷《せんしょう》の後をうけて、国力の発展を計り国富の増進を期するや、この機を逸せずして一大万国博覧会を開催するは世界各国を対手《あいて》として輸贏《ゆえい》〔勝敗と同義〕を争うべき平和の商戦上、わが国民の戦闘力を増大するにおいて最も適当有利の施設といわざるべからず。ゆえに縦令《たとい》これが設備上多少の年月を要すとするも、必ず数年の後を期して万国博覧会を適当の地に開催せんことを要望する。

と輸出振興のために万博開催を求めている（『政友』六五号）。おもしろいのは文章中に戦争に関する比喩が多いことである。この時期ちょうど出征部隊、艦隊の東京への凱旋が相次ぎ、新聞はほとんど凱旋関連の記事で埋め尽くされて熱狂を伝えていたが、そんな熱気と興奮が伝わってくるような文章である。

そして一九〇六年三月、衆議院でこれと同趣旨の建議「万国博覧会開設に関する建議」が超党派（政友会の森本駿と政交倶楽部の竹内正志）で提出され、委員会審議ののち三月一三日に可決されたが、議事録をみると当時の万博に関する認識がうかがわれる。

まず万博の名目であるが、建議では当然日露戦勝記念となっているが、農商務省側はロシアなど参加しにくい国が出るので、一九〇九年あるいは一〇年開催として、憲法発布二〇年記念とするとか、明治天皇即位五〇年（一九一七年）記念あるいは天皇夫妻の金婚式（一九一八年）記念にすれば各国の皇族、王族も来日可能であるなどの例をあげて検討中とした。戦勝記念を名目とすることを避けようとする点に、列強に伍したばかりの日本の姿がうかがえるとともに、皇室ブランドも選択肢の中に入っていることに注意したい。この場合、王皇族の来日は当然観光地日本を海外にアピールすることにつながるであろう。

次に注目すべきは、この建議は超党派で提出されながら、委員会でも本会議でも可決に際して全会一致とはならなかったことである。委員会では委員長の渡辺修（政友会）が、時期尚早として反対した。すなわち、政府の経費見積り一五〇〇万円に対し、パリやロンドンでの万博を念頭において、「世界に向って恥ぬような博覧会を開」くには費用が四〇〇〇万〜五〇〇〇万円は必要だが、それは「財政が許さぬ」として、内国博覧会に外国参加を認める程度とすることを求め、鈴木総兵衛（大同倶楽部）も同様の意見を述べた。本会議でも福井三郎（憲政本党）が、「今日は戦勝って兜の緒を締めるとき」なのに「国民の懐中をしぼって散財をするの時期ではございませぬ」と反対意見を述べた。この経過で特徴的なのは、賛成、反対それぞれの意見を述べた議員の所属党派や選挙区を調べてみても一貫性がないことである。戦勝の興奮から約半年、賠償金がとれないなかで、戦時公債の処理と戦後経営、軍備などの懸案が山積する厳しい財政状況が次第に一般に認識されつつあったことがわかる。要するに、万博開催について、官民ともに慎重論があらわれはじめていたのである。

2 日本大博覧会計画のスタート

さて、前出の博覧会調査費が議会を通過した結果、一九〇六（明治三九）年六月一四日、農商務省に博覧会調査会が設置され、委員四三名が任命された。委員長は農商務次官和田彦次郎。同関係者のほか、森本や竹内、東京市長（当時は市議会の投票で決定、代議士との兼任可能）を兼ねていた尾崎行雄（政友会）など衆議院議員一一名で構成された。

そして、早くも新聞にはこんな記事が載っている（『東朝』六月二八日）。すなわち、万博または外国が参加し拡大された内国博が一九一二年ごろ開催されるとして、「内外数千万人の観覧者を東京に集むるについては、鉄道船舶の連絡、市内電車の延長、旅館の新築、市の公衆衛生事業等公私設備を要するもの枚挙に遑《いとま》なし」で、しかもいずれの事業も「数年ないし十数年を要する」ので、「ただちに着手する」必要があるが、「市区改正事業（東京市内の区画整理）すら遅々として進まず、築港、下水のごとき緊急なる諸事業も等閑に付せらるる始末にては当業者（当局者）も頼み甲斐なし」なので、「今日の急務はみずから進んで事にあたるにありとて、昨今すこぶる奮発し居る商工業者少なからず」。

　要するに、万博あるいは事実上の万博開催となれば数千万人の観覧者が来るであろうから、それに対応するために大規模な社会資本整備をすぐにはじめる必要があるが、行政の対応が鈍いので、東京の商工業者の中にはすでに自分で動き出している者が少なくないというのである。「内外数千万人」とは一見大げさだが、一九〇〇年のパリ万博の観客数が四八一〇万人だから、まったくの誇大妄想ではない。そして、「すこぶる奮発」しているのが「商工業者」である以上、彼らが結局何を狙っているかはいうまでもない。できるだけ多数の観光客に来てもらい、できるだけたくさんのお金を使ってもらうことである。文字通り「取らぬ狸の皮算用」をする人々がいたわけである。

　おそらくはこうした雰囲気を背景にして、森本は委員会発足に先立ち、財政難の中でも万博を開催する方策として、入場券に宝くじ（当時の言葉で「富籤《とみくじ》」といった）を付ける案を政友会の機関誌で主張した（『政友』七三号）。これは入場券の発行番号をくじの番号に見立て、早期に発売し、かつ早い時期から抽籤を繰り返すことで早めに大量に入場券を販売し、収入のうちすぐ使わない分は運用して利子を得ることもできるという、人間の射幸心を利用した資金調達方法である。この方法は一八八九年および一九〇〇年のパリ万博で採用されて大成功を収め（ちなみに有名なエッフェル塔は一九〇〇年万博の施設）、しかも日露戦争時にも類似の方法（割増金付貯蓄債券。割増金がくじの当選金にあたる）が採用されて一二五〇万円の戦費調達に成功していた。森本はこれらの例をあげて万博実現を説いたのである。

しかし調査会では森本の意見は採用されなかった。おそらく、当時の日本では刑法で射幸心をあおるとして、宝くじおよび類似の行為（法律用語で「富籤行為」）がきびしく制限されていたためと思われる（貯蓄債券は戦時の例外措置）。そして七月二三日の会議で万博と内国博の折衷案に決定した。具体的には、名称は日本大博覧会（以下、大博）、主催は政府、会期は一九一二年四月から一〇月、場所は東京、直接経費は一〇〇〇万円で、財源は国庫五〇〇万円、東京市三〇〇万円、博覧会収入（入場料など）二〇〇万円、敷地三〇万坪、直接経費以外の付帯事業として道路などの社会資本整備などである。

こうした案になった理由について、この委員会の議事録が未発見のため、翌年二月の議会における和田次官の説明によると、(1)「今日の社会の状態」での万博開催は「十分なる成算を有し難い」、(2)日本は「戦後一躍して一等国」になったので万博も大規模にすべきだが、「欧米一等国」並の規模の万博は現在の国および東京市の財政では無理、(3)日本の商工業の現状は「遺憾ながら」、いまだ「欧米諸大国」に対抗するにはほど遠い、(4)次回は万博の前段階として「中間程度の大博覧会」として「戦後実業の発展に資するを得策とする」、(5)万博にすると準備に時間がかかるため戦後経営策としては遅くなりすぎる、などであった。

これらの理由には、一等国意識もみられるものの、全体として、当時の日本の経済力や技術力に関する謙虚な認識が目立つ。国際政治上は一等国でも、経済的には二等国という認識なのであろう。だからこそ万博と名乗らず大博覧会としたのである。しかしこの規模は、パリやロンドンの万博と比較すれば四分の一以下であるが、これ以前で国内最大規模の博覧会である第五回内国博と比較すると、敷地で三倍、経費で一〇倍という空前の規模であり、欧米でもこの程度の万博はあるので、事実上の万博といってよい。

また、とくに名目を明記していないが、前出のように大っぴらに日露戦勝記念とは銘打てない一方、皇室ブランドを使うとすると、重要人物は呼べるかもしれないが、開催時期が遅くなって戦後経営策としては間に合わないためであろう。

なお、(1)は、前出の日比谷焼打暴動事件のあと、工場労働者のストライキ（一九〇六年二月の石川島造船所、三月の福井の羽二重業者、五月の阪神電鉄など）や東京の市内電車（路面電車のこと。当時は私鉄）の運賃値上げ反対運動の暴徒化（三月）などの大衆行動の多発が念頭にあったものであろう。一九〇八年一〇月に出される「戊申《ぼしん》詔書」は、こうした状況への対応策であり、本書の用語法でいえば、皇室ブランドが国民統合のシンボルとして機能した例として著名なものの一つである。

政府は八月二八日にこの案を閣議で正式決定し、一九〇七年度予算に経費として二〇〇〇万円を計上したが、さっそく便乗企画があらわれた。七月末に発表された、東京府主催の東京勧業博覧会（翌年三月から七月に上野公園で開催予定）の「趣意書」は、同博覧会を、大博の「前提準備」と位置づけていた（『東朝』七月三一日）のである。ちなみに同博覧会は実施され、六八〇万人もの観客を集めることになる。

ところが、大博の開催地である東京市は負担金の値切りをはかった。そもそも尾崎は委員会案決定の際、東京市では三〇〇万円も負担するのは「やや困難」と述べており、一一月に入って市会有力者の一人でもある大岡育造代議士（政友会、当時は市会議員との兼任は認められていた）と政府要路に負担金軽減を陳情したが、阪谷芳郎《さかたによしろう》蔵相に、「市においてさほど困難ならば政府においても財政に余裕なきこの際、延期せばよろしからん」と「冷笑」され（『東朝』一一月二三日）、さらに政府は負担金を値切ろうとする東京市を牽制するため会場を大阪に変更しようとするに至った。

結局、一九〇七年一月二四日の東京市会で、三〇〇万円の負担金を受け入れ（ただし二回の分割払い）、かわりに入場券販売を請け負う案が承認され（政府も承認）、東京開催が本決まりとなった。その背景に、先にみたような市内商工業者の期待があったことはまちがいない。入場券販売の請負は、手数料収入をあてこんだ措置と思われるが、発売は先の話であり（結局発売されず）、それでは負担金をまかなえないので、市税の増税が実行されていくことになる（『東京市会史』第三巻）。

その後、議会で大博予算を含む一九〇七年度予算が可決されたことをうけ、一九〇七年三月三一日に博覧会調査会の廃止と大博の開設を公示する勅令、日本大博覧会事務局官制という三つの勅令を政府が公布して、大博準備の行政上の枠組みが整い、四月二四日には、外交ルートを通じて、大博の概要の通知と非公式の参加勧誘が各国に向けて行なわれ（「日本大博覧会開設一件」第三巻）、博覧会事務局（農商務省内に設置）も八月三日に職員が任命された。

博覧会総裁が伏見宮貞愛《さだなる》親王、博覧会会長に金子堅太郎（元農商務次官、元農商務相）、事務総長和田彦次郎（前農商務次官）以下、農商務省からの出向組が中心である。第二回内国博以後の例にならい、皇族が名誉職についていることはこの事業が公的に意義ありとされたことの証であり、また会長にアメリカのハーバード大学への留学経験のある金子が就任したことは、事実上の万博という本博覧会の性格を示すものであった。

こうして、日本大博覧会の準備は開始されたのである。

3　経済効果への期待とアメリカの参加表明

博覧会事務局がとりあえず取り組んだのは会場選定問題である。当時の新聞では「敷地問題」として出てくるので、ここでもこの用語を使いたい。

実は敷地問題はすでに博覧会調査会が案を決定する直前から新聞で取り沙汰されており、博覧会事務局発足までに、品川沖の埋立て、月島埋立地、上野周辺（その中にも田端、根津、日暮里、道灌山など数説あり）、青山、荏原《えばら》（大森説もあり。当時は市域外の荏原郡で、現在の品川区、大田区周辺）、向島、博覧会事務局発足後に竹橋、丸ノ内三菱原などがあり、一九〇七年二月には水族館のみ横浜誘致説も出た。

このうち品川沖を埋め立てるというのは、東京市の案の一つで、場所的には先年都市博が中止されたお台場付近を指すものと思われ、大博が結局中止されることを考えると、まさに「因果はめぐる」という感を禁じ得ない。また、丸ノ内も市の案で、丸ノ内は当時ほとんどが空地であったから、土地の有効利用という面があったと思われる。それら以外は大部分が地元の自薦で、基本的には各地の誘致合戦となっていたが、一九〇七年五月には東京市内の各区委員（現在の区議会議員に相当）が連合して分散会場制をねらう動きまであらわれ、「大博覧会の要職に内定したる某氏」（金子か和田であろう）が「敷地選定の困難」を訴える（『東朝』五月二一日）ほどであった。では、誘致サイドの意図はどこにあったのか。具体的にわかる荏原と上野周辺の場合をみてみよう。

荏原の場合、早くも一九〇六年一二月一〇日に郡長と実業家十数名が「都下新聞通信記者」を池上曙楼に招いて誘致活動を始めている。その時の郡長の説明を一二月一二日付の『東朝』は次のように伝えている。

〔大博の〕敷地として土地の広闊《こうかつ》、水陸の便および交通の便なることなどより説き起し、詳細に同地の状況を述べ、ことに東京の発達とともに同地方田畑が年々宅地に変化しつつあるありさまなるが、いずれも一坪二円五〇銭余の埋立費を要することとて、同地方有志者は当局者に敷地として買い上げを希望するものにあらず、ただ敷地とされたる後においてもこれが利益を地方に共有せんと希望する〔後略〕。

これを少し補足して解釈すると、荏原一帯は広大で交通の便がよい（東海道線のことを念頭に置いていると思われる）ので敷地として適しているし、この一帯はとくに最近宅地化が進んでいるが、その際田畑の埋立て費用がかさむので、大博会場として当局に土地を整備してもらい、その上で当局に貸す形にすれば、地元の地主（「同地方有志者」とほぼ同義であろう）は土地整備費用をかけずに閉会後宅地として売り出すことができるし、当局は買い取るわけではないから経費を節減できる、こういうことなのである。地元への経済効果が発想の根本にあることは明らかで、なんともチャッカリした話である。

上野周辺の場合をみると（『東朝』一九〇七年一〇月一七日）、本郷、下谷両区の関係地主に対し、博覧会事務局の依頼で区長が意向を調査したところ、「いずれも敷地寄付など申し出でんとするものなきのみならず、買上げには到底値段折合うべくもあらざる」、つまり地価上昇が始まっている状況で、「一般に貸上げを希望し」、「地主等の語るところによれば、会場の周囲に電車を敷設し、六〇間〔一〇八メートル〕幅の道路は中央を電車道、その両側を車道、そのさきの両側に並木道を作りて人道にあて」などと続く。要するに、会場として貸すことで社会資本整備をしてもらって、土地に高い資産価値をつけようというのである。荏原の場合と基本的に同じ発想であることはいうまでもない。なお、同じ記事によれば、青山でも予定地とされる土地の価格が「非常に騰貴」したという。少なくとも会場候補地においては、「大博フィーバー」とでもいうべき状況であった。

しかも、「大博フィーバー」は候補地だけでみられたのではなかった。それは、同じ記事に、「日本橋付近の大商店は皆この敷地〔青山〕に反対し居るをもって」結局上野周辺となるであろうと書かれていることからわかる。当時市内電車（私鉄の路面電車）では、青山から日本橋へは乗り換えが必要であったが、上野からは乗り換え不要であり（『東京都交通局六〇年史』）、それだけ博覧会の客が日本橋にも寄ってくれる可能性が高くなるのである。

社会資本といえば、国鉄（鉄道庁）の大博に向けた鉄道改良計画も報じられている（『東朝』七月二一日）。赤羽―池袋、新橋―上野、新橋―国府津間の電車化、東海道線、高崎線などの複線化、駅の増設、「中央停車場」（現東京駅）の完成などである。その実現は結局大正期になるが、この構想が現在の東京中心部のJR地上路線の骨格をなしていることはいうまでもない。

こうしたなか、一九〇七年一〇月一八日、一ツ橋の東京高等商業学校（現一橋大学）講堂に一五〇〇人以上を集めて行なわれた第一回東京市講演会で、金子大博会長は、「日本大博覧会に関する意見」と題する講演を行なった。金子は、その中で大博を事実上の万博と意義づけ、その「四大目的」として「経済的研究」（産業技術交流）、「世界的教育」（学術交流）、「国家的祭礼」（お祭りなので会場の三割は娯楽施設にあてるという）、「外交的会合」（各国民の交流）をあげ、さらに「大博覧会の利益」として、「この四大目的を達するほか、主催地の市民は非常の負担を受くるにより、閉会後直接間接に利益を得べきよう当局者は経営せざるべからず」として、フィラデルフィア（一八七六年）、シカゴ（一八九三年）、セントルイス（一九〇四年）の三万博後の各都市の詳細な統計を示して、「市府の旺盛となりしことを立証」した。つまり大博が、当面は東京市民に負担をかけるものの、東京市全体の繁栄という経済効果をもたらしうると説いたのである。（『東朝』一〇月一九日）。

これは一見「大博フィーバー」を煽っているようにもみえるが、前にみたように事務局側はむしろ誘致合戦に困惑しているので、それなりの負担が必至であることを示すことで安易な利益獲得への期待を諫《いさ》めると同時に、会場候補地や商業地以外の、直接恩恵を蒙らない地域や職種の人々にとっても、大博が最終的には利益になることを示すことで、大博に対する広範な関心と協力の喚起を意図していたと考えられる。

一方、こうした経済効果への期待は国家経済の面にも波及した。一一月一日の『東朝』の社説「大博覧会の価値」には、年間の来日観光客数二万三〇〇〇人、彼らが日本に落とす金が三〇〇〇万円というデータをもとに、「博覧会開設のために、もし平日より二倍の外国人が来遊するものとせばさらに三〇〇〇万円、もし三倍とすれば六〇〇〇万円の外貨を吸集するを得べし。わずかに一〇〇〇万円を投じてただにおおいに人文を啓発するのみならず、別に三〇〇〇万円ないし六〇〇〇万円の外貨を吸集する、また非常なる利益にあらずや」という説が紹介されている。たしかに当時は多額の外債返済のため少しでも多くの外貨が必要であり、大博をその対策としても期待する向きがあらわれていたことがわかる。ただし、社説自体は日本のような「世界の片田舎」への観光客が急に二倍、三倍になるはずがないなどとして、大博の経済効果を過大視することを戒めているが、これもまた「大博フィーバー」の激しさを逆に物語っているといえる。

こうしたなか、博覧会事務局は、結局一一月六日に会場を青山に決定した。具体的には、代々木御料地（現在の明治神宮）と陸軍の青山練兵場およびその周辺（現在の明治神宮外苑。練兵場は現在の代々木公園の場所に移転）、両者の連絡路（現JR中央線沿いの道路）で、決定理由は、国有地主体のため候補地の中では土地買収費が最も少ないことであった。それでも一部分は私有地を買収することとなったが、その際政府が土地収用法を適用して強制的に買収することを決定。公示したことから住民とのトラブルとなった。

すなわち、一一月一二日、立退対象となった地域（青山北町）の住民総代が市庁舎に尾崎市長を訪ね、「転住せざるべからざるの困難を訴え」、立退かないですむよう敷地の変更を政府に要請することを求めたのである。しかしこれに対し尾崎市長は、それは不可能であると「明断」し、気の毒であるとしながらも、そもそも臣民居住の権利は憲法の保障するところ、この権利を奪わんとするには必ず厳格なる手続きによるべきは当然にして、政府がこれ〔土地収用法の適用〕を発表するに至るまでには、閣議において決定し、勅裁を仰ぎて確定したるものなり。しかるに今一部運動のため変更することありしとせんか、将来政府は何事もなすを得ざるに終わり、おそれ多くも上至尊陛下の御威徳にもかかわる〔後略〕。

と、政府の措置が合法的に手続きを踏んでいることを理由に住民の要求を拒否した。そのこと自体は、政府与党たる政友会の党員であり、さまざまな利害の調整をせざるを得ない市長でもあるという尾崎の立場上やむを得ないかもしれないが、その際に天皇の権威まで持ち出していることは、のちの第一次大正政変（一九一三年二月）の際に、尾崎が帝国議会において、時の第三次桂内閣が天皇の権威を政権維持に利用していることを「非立憲的」と批判した、「彼らは玉座をもって胸壁となし、詔勅をもって弾丸に代え」という有名な一節とあまりにもみごとに矛盾している。

ところが、一一月一八日の『東朝』には驚くようなスクープが掲載された。

〔前略〕財政困難の際にあたり、大博覧会を近く四、五年の間に開かんとするはいかにも時機を得ざる話にして、しかも最初の予算額一〇〇〇万円にては到底世界的大博覧会の設備を完了することを得ず、〔中略〕結局予定額の数倍に達するは火を見るよりも瞭《あきら》かなれば、むしろこれを延期して、きたる〔明治〕五〇年、すなわち御即位五〇年の大祝典と同時に開くこそ時機においても、またその盛況を期する上においてもよろしけれとの説、昨今官辺の有力者間に伝えらる。

要するに、財政難打開策の一つとして政府内で大博延期を検討中というのである。天皇即位五〇年という名目が延期の正当化に利用されていることは注意しておきたい。

当時政府はこの報道を表向き否定していたが、実は松田正久法相が言い出し、原敬内相も賛成していたことがのちに明らかになっている（『東朝』一九〇八年九月三日）。松田、原はともに政友会の有力者であることから、他ならぬ政友会が延期に積極的だったのである。もっとも、元老側も大博延期には賛成であったことは、元老グループ中の財政専門家である井上馨が一二月一六日付で西園寺首相にあてた書簡（「井上馨関係文書」）で、「博覧会そのものの効果を全く無視するにあらずといえども、今日のごとき財政困難なる時期においてこれを開会せざるべからざるの必要を認むるあたわず」、すなわち、博覧会は有意義ではあるが、なにもこんな財政難のときにやることはないと書いていることから明らかである。

当時、第一次西園寺内閣は、戦後経営策として、鉄道の路線拡張や港湾整備の推進など積極的な社会資本整備を推進すべく一九〇八年度の予算編成を行なっていたが、それにともなう一億五〇〇〇万円（一九〇六年度の政府支出総額の二割強）におよぶ歳入不足の打開策をめぐって、大幅な経費削減と増税、さらに事業繰延べを主張する井上馨ら元老側と、翌年春に予想される総選挙をにらみ、増税や事業繰延べを避けたいとする与党政友会の間で苦慮しており、結局内閣が元老側の意向を多少うけいれる形に落ち着くものの、翌年一月には阪谷蔵相が辞任する（後任は松田）事態に発展した。ただし、実際に繰延べされたのは軍事費であり、鉄道拡張費には手はつけられなかった（『日本議会史録』一）。

こうしたなかで大博延期説出現の要因を考えてみると、政友会としては、限られた財源の中で、党勢拡大策としてより有効とみなされたのは、社会資本整備が東京中心に行なわれる大博よりも、全国各地で目に見える形で自己の力を示すことのできる、鉄道、港湾など各地の社会資本整備（地方利益の誘導）であったといえる。

ところが、この大博延期説は、一二月三日にアメリカ大統領セオドア・ルーズベルトが議会教書の中で大博への参加を表明したことが一二月五日に新聞で伝えられると同時に立ち消えになってしまう。そして、松田はのちに延期説立ち消えの原因はこれであると認めている（『都』一九〇八年九月三日）。

ちなみにこれは諸外国中最初の（結果的には唯一の）公式の参加表明であった（非公式にはすでに数ヵ国が参加の意志をもっていた）。そして一九〇八年五月下旬には連邦議会が大博参加費として、アメリカの外国博覧会参加費としては過去最高の一五〇万ドルを決定し、七月には大博事務官長に実業家で前国務次官のルーミスという大物が就任した。

ではなぜ、このときアメリカがいち早く公式に参加を表明し、かつそれが大博延期説立ち消えの原因となったのであろうか。ルーズベルトは先の議会教書の中では、日米両国の通商に利益となるなど一般論的な理由しか述べていない。また、金子はルーズベルトが友人であった（実際ハーバード大学留学時に親交があった）ことから、直接参加を依頼したためと後年回想している（『万博』一〇号、一九三七年二月）が、こうした個人的関係のみで一五〇万ドルも支出するとは考えにくい。

そこで当時の日米関係を考えてみると、日露戦争後、アメリカの西海岸地域では日本人排斥問題が表面化し、日米戦争説まで出ていた。ルーズベルトは、日本の満州（現中国東北部）の旧ロシア権益（鉄道、鉱山、都市経営など）独占の動きに門戸開放の立場で対応したかったが、自国で日本人排斥のようなそれと逆行する動きが拡大するのは好ましくないという判断から、国家としてのアメリカが日本との対決を望んでいないことを示す必要があった。一方、日本としては、この時期においての日米関係で最大の懸案は満州であった。日露戦争で支援をうけたアメリカ、イギリスから満州の門戸開放を求められるなかで、実質的には満州の旧ロシア権益の独占に向かっており（以上『日米関係史概説』）、大博延期によって、アメリカのせっかくの大博参加表明に水を差すことでこれ以上アメリカとの間に問題を増やしたくなかったのである。

つまり、大博は外交的配慮から延期を免れたのである。

4　大博覧会の延期と皇室ブランド

このように延期がとりやめとなったため、大博の準備は続けられた。すなわち、出品促進策として、一九〇八（明治四一）年二月から三月にかけて、大博出品物の関税減免や特許、商標の保護に関する法律が二つ制定され、六月六日には、政財界の関係者や学識経験者約一〇〇名が日本大博覧会評議員に任命されて、大博の運営規則や出品目録の作成に入り（『東朝』）、七月四日には諸外国への正式の招請状が閣議決定された（「公文類聚」）。

また、四月一四日の地方官会議（知事の会議。当時の知事は官選）では、金子会長が大博計画の概要を説明した上、和田事務総長が道府県に対し、次のような要望を述べた。(1)大博担当者を置くこと、(2)知事を中心にした「官民協同」で行なう「設備」として、①出品計画の作成、②大博の「観覧奨励」、③「外人の待遇に対する設備の改善」、④「名所、旧跡の遊覧を誘致」、⑤「地方特産の視察に対し便宜」、⑥協賛会の設立、(3)地元の「産業の発達はもちろん自治、民政等の発展につき」「出陳」すること、(4)各道府県の「事務所および接待所（展示館のことか）」を会場に建設すること、ただし、敷地の関係上個別の建設は認められないので「なるべく協同して壮麗なるものを建築」すること、などである（『東洋経済新報』四四八号）。大博の経済効果を東京や輸出産業に限らず、広範なものにしようという事務局の意図がうかがわれるほか、(2)の六項目中、半数の③—⑤が外客関係であることは、前出の外貨獲得待望説と通ずるものがある。

東京市でも、一九〇八年度予算に大博経費二五二万円が計上され、四月に臨時博覧会局が設置され、渡瀬寅次郎（市会議員兼名誉職市参事会員）が局長となった。その職員（主事）の中に竹沢太一という人物がいたことは記憶しておいていただきたい。さらに、六月中旬には過去の大阪、京都の内国勧業博覧会にならって一〇月一〇―一三日に博覧会祭（式典、パレード、園遊会、音楽会、各種興行）を開くことや市の大博協賛会設置が決まり、八月下旬には、中野武営《ぶえい》（東京商業会議所会頭）や渋沢栄一（明治実業界の指導的人物）を中心に九月一日に協賛会を設立する予定となった（『東朝』）。

このうち渡瀬の就任時の新聞談話（『東朝』四月一四日）は、「ドーやら世間では大博覧会に対する付帯設備や請負事業をもって市の背負込みになりはせぬかと悲観するものもあるけれど、自分はソーは思わない」として、大博が東京市にもたらす利益について前出の金子の講演と同趣旨を述べており、市としての大博への期待が経済効果にあることがわかるとともに、市の負担過重論も無視できない程度に存在していたことがわかる。

こうした状況をうけて、一九〇八年に入ると新聞でも毎週のように大博関連記事が掲載され、国民の関心の高まりがうかがわれる。たとえば、七月三一日付『東朝』掲載の、出品勧誘のため東北、北海道を巡回した山脇春樹大博事務局員の談話には、とくに「奥州」は、日露戦後恐慌に苦しむ他地方と異なって好景気の上、「数十年来、政治上と言わず、産業上と言わず、一口に東北人士として侮蔑せられ閑却せられしを遺憾とする反発心は各地方に満ち」ているため、大博会場への「奥羽館」建設計画など、「今回の大博覧会には目新しき出品をなし奥羽の面目を発揮せんとする念盛ん」とある。

また、八月七日付同紙掲載の、出品勧誘のため西日本を巡回した和田事務総長の談話にも、「各地方至る所大博覧会に対する人気の盛んなるを見て、なぜ開催地たる東京市およびその近県の人々が案外冷淡なるかを疑うほどなり」として、「殊に山陰の各地は全く予想外の人気にて、多きは一郡に二〇余個の観覧会組織され」、「山陰館」、「九州は鎮西館」「山陽は中国館」の建設計画もあり、「公園としては奈良のごとき全市を挙げて外客を迎うる設備をなし、少なくとも三日間位は足をとめしむる趣向を凝らしつつあり、厳島のごときもまた、余の忠告を用い、旅館の設備、全島一周の快走船備え付けなどあらゆる方面より旅客を慰むるに足る準備をなすはず」とある。

いずれも、各地の人々の期待と熱気が伝わってくるような話しぶりである。気になるのは、和田が東京やその周辺の関心が低いと述べていることである。会場誘致合戦が決着したためか、あるいは観光客目当ての東京の商工業者も、いったん延期になりかかったので意気込みがそがれたためなのか。ただし、これらの史料は、大博への国民の関心を高めようとする立場の人物の発言である以上、割り引いて考える必要があるかもしれないし、その前にふれた各府県知事の勧誘策の効果という可能性もあるが、大博事務局幹部が地方官会議で種々の要請を行なう以前に早くも高松市や佐賀県内某村での「大博観覧貯金」の開始が報じられている（『都』四月一〇日）ことから、山脇や和田の発言には十分根拠があるといえる。ところが、八月中旬から再び雲行きがあやしくなっていく。

第一次西園寺内閣は、五月の総選挙で与党政友会が大勝したにもかかわらず、財政政策の行き詰まりのため元老たちに見放され、七月一四日に第二次桂内閣が成立した。桂は「財政整理」を最優先課題として、蔵相を兼任して大幅な歳出繰延べを検討しはじめ（前掲『日本議会史録』二）、大博もその対象となり、とりあえず、招請状の発送を、「取調事項あるため」として延期した（『東朝』九月一日）。

この大博延期説は八月一八日の『東朝』で初めて報じられたが、その時点では、延期説が「有力なる部分に起こり」という程度であった。その後は各新聞でも情報が錯綜したが、二八日の各紙は延期が決定的であることを伝えた。内閣の歳出繰延べ方針がほぼ決定した八月二八日の閣議で大博の五年延期も決定され、以後九月初旬まで東京の各紙はこの話題で持ちきりとなる。二九日には、東京市に事前に相談がなかったことを抗議に訪れた尾崎市長に対し、桂が「新聞に漏れたるは取締不十分の致す所にして謝するより他なし。東京市に相談するを至当とは考えたれど外国との関係もあり、かたがた市に協議せんか秘密の漏るる怖れあるをもって差控えたるなり。現に当事者たる金子会長にさえ相談もせずに内定したる次第なれば悪しからず」（『東朝』八月三〇日）と、外交上の理由から秘密裏に事を運んだことを明らかにした。当然金子と和田は辞表を提出し、金子は受理されたが、和田は事務局の新体制のメドがつく一九一一年六月まで職にとどまることになる。

結局、九月二日に五年延期（一九一七年開催）を定めた勅令が公布されるとともに、理由も各紙に発表された。すなわち、関連施設建設が間に合わないことを理由とし、延期を五年とした理由について、「来たる明治五〇年はわが今上陛下の即位五〇年にあたり、わが邦にとり希有の時期」なので、「同年まで延期し、この間において諸般の設備完成と経費の充足をはかり、万国的博覧会たるの実を挙げ、もってわが歴史上顕著なる一大紀念たらしむること実に一挙両得の策なり」としている。天皇即位五〇年が延期の格好の理由に使われたのである。そして最後に、「米国政府が本博覧会に対し最初より表彰したる好意は実に深甚莫大なるをもって、延期決定について特に同国政府に通牒し、同国政府もまた好意をもってこれに同意を表したり」と、アメリカの同意を得た上での決定であることを特記している。「外国との関係」とはこのことだったのである。

もちろん真因は財政難打開であるが、とくに大博に関しては直接経費だけでなく、前出の鉄道改良費のような関連事業費の増大も問題であった。それは、八月二七日に大浦兼武《かねたけ》農商務相が尾崎市長に、「財政整理」の際「ひとり大博の事業のみを満足ならしむるあたわず」である上、「付帯する諸般の施設に少なからず経費を要するをもって」（『東朝』八月二八日）と語ったことや、これに関し、尾崎が二九日の市会において、「表面延期の理由は博覧会それ自身に対する設備と、付帯設備の完成期し難し」であるが、「博覧会それみずからの経費は僅少の額なれども、港湾の改築とか海陸の連絡とか鉄道の改良とか種々の付帯設備に対し、大博覧会を目途として逓信、内務その他より要求し来る金額は決して勘少《〔ママ〕》にあらず。ために最初宣言せし繰延を断行することあたわざるに至り、内閣の致命傷となるべき大問題たるに至るべければなり。これ延期の実情ならん」と発言している（『東朝』八月三〇日）ことから明らかである。

もっとも、財政難打開の必要性は前内閣当時からわかっていたことであり、これだけではこの時点で延期が決まった説明にはならない。延期決定に対する貴族院、衆議院各派の反応が、当初は反対論もあるものの、財政状況を考えれば延期やむなしという方向に落ち着いたことはそれを傍証している。そこで思いあたるのは対米関係である。なぜなら、最初の延期説はアメリカの参加表明によって立ち消えとなり、今回の場合、桂は決定にあたって、アメリカにのみ事前に相談したからである。そこで当時の日米関係をみてみると、移民排斥問題は一九〇八年二月一八日の日米紳士協定で一応の決着がつき、以前ほど緊迫した状況ではなくなっていた。

それでも、延期決定前後の各紙には延期反対の動きが多く報じられている。しかし、その多くは決定が抜き打ち的に行なわれたことへの反発であり、経済界においても団体レベルではともかく、有力者レベルでは財政整理上やむなしとしていた。たとえば、立場上大博開催推進勢力の一人であるはずの中野武営は、「財政の整理上止むを得ずというにあらば、列国に対する体面と信用、また国民の失望、市の損害については遺憾の極みなるも、これらは止むを得ざる犠牲と断念し、しいて大博延期に反対するものにあらざるなり」と知人に話している（『東朝』八月二八日）し、輸出に関係するため大博開催を利益とするはずの三井財閥の有力者飯田義一（三井合名会社参事）もほぼ同趣旨の新聞談話がある（同八月三一日）。これらに前内閣時において経済界の増税反対運動が盛り上がったこと（『日本議会史録』二）を考え合わせれば、日露戦後恐慌の中で、増税防止や減税のためならば大博延期もやむを得ないということであったといえる。

要するに、桂が財政整理のさまざまな選択肢の中で真っ先に大博延期を実行したのは、すでに中央レベルでは一定の合意が少なくとも潜在的には存在しており、アメリカの了解さえ得られれば、多少の反対は押し切っても実行できる問題だったためであった。つまり、一九〇八年九月の大博延期の直接の原因はアメリカの了解獲得であり、背景に財政難の継続と日米関係の小康化があったのである。

しかし、東京市だけは簡単に政府の決定に従うことはできなかった。市はすでに一三七万円を政府に納付し、大博経費調達のために増税を行ない、わずかとはいえ会場敷地の決定、買収により住居の移転を強いられた市民も出ていたからである。市は八月二六日ごろから尾崎市長を中心に政府に延期とりやめをはたらきかける一方、三〇日には臨時市会を開いて延期反対を決議したが、もはや延期とりやめが無理となるや、納付金返還を政府に要求した。政府もこれを認め、一二月八日の閣議で返還を決定した（「日本大博覧会開会延期可相成に付東京市納付金還付に関する件」）。

それでも、会場予定地周辺の住民の怒りは簡単には収まらなかった。二会場の連絡路の予定地である千駄ヶ谷町では、八月三一日に町長が首相や金子会長に延期反対を直訴しようとしたが面会できず、九月二日に町民有志三十数名の協議会を開いたが、「政府不信任を絶叫する者、情けない、口惜しいなどと地団駄を踏んで悲憤慷慨する者、あるいは起業地における衰退の実情を引いて嗟嘆《さたん》する者、喧々囂々《けんけんごうごう》として殺気場内に充つるの光景」となり、(1)大博延期は「国家の趨勢にもとり、輿論を無視したるものと認む」、(2)「本町が被りたる損害の賠償を政府に要求」する、(3)「公共団体がさらに博覧会を開くに際しては、本町はこれに賛同」するなどという三項目を満場一致で決議した（『東朝』九月四日）。このうち、「起業地における衰退」とは、建設工事人夫目当ての商売のあてがはずれたことか、連絡路用地決定のため、はじめたばかりの事業の継続がなんらかの事情で困難になったことを意味していると思われる。また、賠償が支払われたか否かは定かではない。「殺気場内に充つる」とはなんとも物騒であるが、注目したいのは三番目の決議である。「公共団体」とは今でいう「地方公共団体」とほぼ同義であり、国にかわって東京府あるいは東京市が博覧会をやってくれることを期待していることになるが、後でみるように、以後そうした方向が模索されることになる。

また、アメリカは政府レベルでは一応日本政府の決定を支持したものの、ニューヨークでは「即位五〇年祝典を待つとは空漠たる話なり。日本は博覧会商売のあまり儲からぬを悟りしか」（『東朝』八月三一日）などと延期に批判的な意見も存在していた。こうしたなかで事態はどのように推移していくのだろうか。

5　大博覧会の中止とその後

一九〇八（明治四一）年九月一六日、大博延期善後策を協議するため開かれた東京市の各区委員連合会は、一九一二年までに東京で内国勧業博覧会を開催することを政府に求めることとし、二九日の市会でもこの件の検討のため委員が選出されたが、一〇月九日の各区委員連合会で、中野武営が、いったん大博に各国の参加を求めながら延期とした政府が、「内国人の利益のみを重んずる内国博覧会を開催する」のは、「列国の悪感情を招く」（『東朝』一〇月一一日）として、東京府主催による開催を提案した。その結果、翌一九〇九年二月二八日、阿部浩府知事、府会市会の関係議員、東京の経済界の有志による会合において、一九一一年または一二年に上野公園あるいは大博敷地を会場に経費三〇〇万円（うち博覧会収入四〇万、府税一七〇万、市税九〇万）で博覧会を開催する案がまとまり、五月一一日の市会でこの案の促進をはかる旨の建議が可決された。その際の案は、名称は「東京勧業博覧会」（一九〇七年開催の博覧会と同じ名称）、一九一一年開催、経費二〇〇万円、趣旨は「博覧会固有の利益を収めんとする」とともに、「沈澱渋滞したる経済界に、覚醒一新の機を与えん」（『東朝』五月一三日）、すなわち不況脱出となっていた。

しかし、この案は事実上立ち消えとなる。建議は可決されたものの、市会や市当局に根強い反対論があったためである。五月一一日の市会における、野々山幸吉議員の発言はその代表的なものである。すなわち、建議案にある収支概算案が七〇万円の不足分を家屋税増税でまかなう予定であり、しかも別に大博負担金三〇〇万円があることについて、「二兎を追う者は一兎をも得ずの諺に漏れざるべし」と負担の過重を指摘し、「この博覧会のために、商業は多少発達することあるも、東京市民の十分の九を占める俸給生活者にとりて」「一大痛棒」であり、「かかる姑息手段によって、景気は回復するものにあらず」、日露戦争の外債利払いが毎年二〇〇〇万円相当となっている「病源が根治されざる間は、わが財界の復活は得て期すべからず」と述べ、最後に類似の前例として、一九〇七年の東京勧業博覧会が多数の観客（会期四ヵ月で約六八〇万人）を集めたにもかかわらず、直接的な経済効果はあまりなかったと述べている（『東京市会史』第三巻）。要するに、当時の経済状況における博覧会の経済効果や景気刺激効果に根本的な疑問を呈したのである。

結局、この構想は、市が府の補助をうけて一九一一年三月二〇日から六月一〇日まで上野の列品館で行なった東京勧業展覧会というごく小規模な形で実現したに過ぎなかった。しかし、政府主催の博覧会に代わる意味合いの大規模博覧会を地域で開催しようという動きが始まったことは留意しておきたい。

一方、大博のその後であるが、一〇月二日、ルーミス以下アメリカの大博事務局の一行七名が来日し、一ヵ月間滞在した。彼らは大博に関し日本側と打ち合せのため来日をはかり、サンフランシスコで大博延期を知ったがそのまま来日したものであった。彼らは日本政府に対し、「不信を責むると同時に、事実は延期にあらずして中止なるべしと思われるなど非難」したため、政府は彼らに対し、一九一七年大博について、既定の敷地に隣接する新宿御苑も借用することによって敷地を二倍にすることと、一九一〇年に本格的に準備に着手すること、一九〇九年度も予算に調査費を計上することを「口約」し（『東朝』一〇月九日）、翌一九〇九年一月には、この「口約」にもとづき、直接予定経費を二〇〇〇万円に増額し、一九〇九年度予算案にも調査費一二万円を計上した。つまり、政府が延期決定後いち早く再び大博構想を明らかにしたのは、アメリカへの対応のためだったのである。

政府はこの方針に従い、一九一一年度予算に代々木青山両敷地の連絡道路修築費を含む大博経費を計上し、一九一〇年一二月一三日に博覧会行政に長く携わった農商務官僚であった平山成信《なりのぶ》を宮中顧問官と兼任のまま大博会長とする（『官報』）など準備を進めた。

これにともなって民間でも大博に向けた動きが再びあらわれはじめた。いずれも実現はしないものの、一九〇九年の宮城県松島の公園設置構想、一九一〇年三月の富士山の公園化構想、一九一一年三月の日光の国立公園化の動きなどである。これらの動きについては、丸山宏氏が、「地方の経済振策としてよみとれ」るが、「その動機付け」として、一九〇七年の東京勧業博覧会とともに大博を指摘し、「博覧会というイベントが、優れた景勝地をもつ地方の近代ツーリズムを刺激した」としている（『近代日本公園史の研究』）が、ここまでみてきた民間の動きを考え合わせれば、当を得た指摘である。

一九一一年度に入ると大博関係の動きはさらに活発化する。当時土木技術界の最高権威とされた古市公威《ふるいちこうい》（東京帝国大学名誉教授）を中心に会場建設の準備が始まり、四月末には設計競技の公募を開始。七月末には縮小していた事務局を再び拡大し、平山を専任会長に格上げした。八月に入ると東京市でも準備が再開され、九月に横浜市が水族館を、京都市が美術館の誘致を始めたことが報じられ、一一月一四日には設計競技の入選作が決定するに至った。しかし、一一月二四日、ついに大博は中止となる。

八月三〇日、政友会が先の通常議会において結局桂内閣に協力した代償として第二次西園寺内閣が成立し、原は再び内相に、松田は法相に就任した。内閣はさっそく一九一二年度の予算編成に入ったが、作業も大詰めに近づいた一一月二〇日、西園寺は原、松田を首相官邸に招き、財政方針を協議した結果、財政難の解決策として、山本達雄蔵相の申し出により、大博、議院建築、国勢調査は延期、電話拡張、港湾修築、鉄道拡張は原らの意向で実施とした（『原敬日記』）。蔵相の申し出は井上馨の意見書にもとづいており、その意見書は外債問題解決のため大幅な歳出削減を主張したもので、大博は「不急の事業」として見合わせが主張されていた（『世外井上公伝』第五巻）。そして一一月二四日の閣議で中止が決定した。その結果連絡道路の修築も中止され、事務局の設置と一九一七年開催を定めた勅令は、一九一二（明治四五）年三月二一日に廃止された。

この時点での大博延期の理由は、大博中止に関しては政友会と元老の意志が一致したのに、同じ二四日の閣議で港湾修繕費に関しては元老たちの意をうけた西園寺が削減を主張して原と対立したことから、一九〇七年の延期説の時と同様の構図（地方利益誘導を最優先）であることがわかる。それとともに、井上が大博を「不急の事業」と意義づけたことから、内国博を実施してきた元老グループにおいては、この時点に至って、もはや近代産業振興策としての博覧会を国家主導で行なう必要がない程度に国内産業の近代化が根づいてきたと認識されたことがわかる。

中止に対する反応としては、一九一二年二月二四日、東京選出の憲政本党議員を中心に、「明治五〇年日本大博覧会開催に関する建議」が衆議院に上程された。その内容は、国民が「戦後経済の発展を計り殖産興業を振興する唯一の好機会」として大博を待望しているとして政府に予定通りの開催を求めたものであった。その際、提案者の一人高木益太郎は大博の具体的意義として、一九〇七年の内国勧業博覧会でも三三二二人の外人客があったことから、「今度大々的に世界大博覧会を開く」とすれば、「ごく内輪に見積って」「二万人の〔外人〕観光客が来るとすれば、少なくも一人一〇〇〇円として一〇〇〇万ないし二〇〇〇万円の正貨というものが自然に吸集でき」、さらに来日客が増えれば、「何億という正貨を吸集することができる」と外貨獲得策としての面を強調した。これが、大博を外債解消策の一つと意義づけることを意味していることはいうまでもないし、資金調達方法として「福引」を主張したことも、政府の財政難への対応策であることは明らかである。

この建議案は委員会審議で数ヵ所修正ののち、三月二二日の本会議で可決となるが、修正内容で注目すべきは、「もしそれ政府みずから遂行するの困難なるにおいては、公共団体または私人をしてこれを企画せしめ、政府はこれに相当なる援助を与うるの途を講ぜんことを望む」という文章の追加である。牧野伸顕農商務相は援助を確約しなかったものの、実はすでにこうした動きは始まっていた。

すなわち、一月二二日に東京市会が市主催で一九一七年に博覧会の開催を市長に求める建議を可決し、二月下旬には東京府において、一九一七年に天皇即位五〇年記念として博覧会を開催する構想が検討されはじめた。後者の内容は、期間が一九一七年三―九月、会場は大博敷地または上野公園、経費五〇〇万円で、財源は府負担のほか、他道府県や植民地からも出資をあおぐとなっていた（『東朝』二月二六日）。先の建議の修正はこうした動きをふまえたものだったのである。この動きは七月三〇日の天皇死去によって即位五〇年の名目が失われても続き、一九一四（大正三）年三月から七月まで、東京府主催で大正天皇即位記念と銘打って上野公園で開催された東京大正博覧会として実現する（『東京百年史』第四巻）。

結局、日本大博覧会は日露戦争の勝利をきっかけに具体化したものの、ロシアから賠償金をとれなかったことが致命傷となって幻に終わった。しかし、建設工事まで始まっていただけに、亜細亜大博覧会の場合と違い、さまざまな遺産を残した。

まず、大博の途中から大正博にかけて、開催名目として皇室ブランドが使用された結果、皇室ブランドは経済発展のシンボルとしての機能をはっきりともったのである。

次に、結局中止になったとはいえ、準備が長期間にわたったためか、大博関係者から以後も万博に深くかかわる人々が何人かあらわれたことである（具体的には次章）。

そしてもう一つは、国際的博覧会構想の推進役が、大博を契機に国家から地域や経済団体に移行したことである。その背景には、本章でたびたび引用したような、大博覧会に対するさまざまな経済的期待（皮算用と言ったほうがよいものもあったが）にみられるように、博覧会の広範な経済効果が広く認識される程度には日本経済の近代化が進行していたことがあった。だから、戦時公債を処理し、かつ鉄道や電話の全国ネットの一応の完成など、社会資本整備が一定の程度に達すれば、さらなる経済発展の手段として、地域や経済団体から万博構想再燃の可能性がありうることになる。

最後に、会場予定地のその後であるが、会場決定時にも述べた通り、明治神宮と明治神宮外苑およびその連絡道路に転用された（神宮は一九二〇年、外苑は一九二六年竣工）。明治神宮は明治天皇の死後その顕彰のため作られたのであるが、現在でも多くの人々が訪れたり利用したりするこれらの施設は、実は幻の大博覧会計画の遺産なのである。そして、これらの施設を東京の、それも、明治天皇の即位五〇年を記念するはずであった大博の跡地に誘致した際中心となったのは、渋沢栄一と、渋沢の女婿で、一九一二年七月に東京市長に就任したばかりの阪谷芳郎であった（「明治神宮の成立をめぐって」『東京都市計画物語』）。

第三章　「紀元二六〇〇年」（一九四〇）に向けて

1　紀元二六〇〇年奉祝の発端―オリンピック招致と橿原神宮拡張

ここで話はやっと紀元二六〇〇年にかかわるところに入る。紀元二六〇〇年を記念してイベントを行なおうという話は一九三〇年に東京と奈良でまったく別々に始まった。まず先に動き出した東京のほうからみていこう。

一九三〇（昭和五）年六月一〇日、東京市長永田秀次郎が、第三回世界学生陸上競技選手権大会参加のため渡独する日本チームの総監督山本忠興《ただおき》（早稲田大学教授）に対して、「第一二回オリンピック大会の開催時が一九四〇年、すなわち皇紀二六〇〇年に当るをもって、これをわが東京市に開催したき意向なることを伝え、オリンピック大会招致に関し欧州スポーツ界の状況如何を調査せられたき旨を依頼」した（『第十二回オリンピック東京大会東京市報告書』）。これは、私が調べた限り、ある事業の実施を主張するにあたって紀元二六〇〇年と関連させた最初である。実は、国際陸上競技連盟会長エドストロームが前年に来日の際、山本がエドストロームにオリンピック東京開催の希望を述べていた

（『オリンピックの政治学』）が、皇紀と関連させた動きは永田のこの発言が初めてであった。

永田は一八七六（明治九）年生まれの元内務官僚。旧制高校卒の学歴で文官高等試験に合格するという、この世代の高級官僚には珍しい人物で、主に警察畑を歩き、内務省警保局長（現在の警察庁長官）を最後に一九一八年に退官、その後東京市政に深くかかわり、一九三〇年五月に二度目の東京市長に就任したばかりであった。

内務官僚というのは、地方自治全般を任務にしており、内務省のみならず、各道府県（東京府と東京市が合併して東京都ができるのは一九四三年のこと）の知事や幹部職員として全国に散らばって仕事をしていただけに、国民の動向には官僚の中でもとくに敏感だったが、永田もその例にもれず、共産主義思想の流入、関東大震災（一九二三年）などによる社会不安を国民統合の危機ととらえ、他の内務官僚OBや右翼運動家の赤尾敏らとともに一九二六（大正一五）年から建国祭という運動を始めていた。これは、毎年紀元節に神社に参拝し建国神話を再認識することで愛国心を養おうという運動で、政府の支持も一応取りつけ、各種団体（学校、神道団体、在郷軍人会、青年団など）を動員し、毎年数万人が参加していた（『近代日本の思想動員と宗教統制』『建国の精神に還れ』）。

なお、建国祭創設にあたって永田が出版した著書『建国の精神に還れ』によれば、永田は、「およそ神話なるものは、世界のいずれの国の神話を見てもすべて現代の理屈に合っていない」と建国神話があくまでも神話であることを認めた上で、「しかしながら」「かくのごときことを想像し、信用し来ったところにその国民性がよく写し出されている」として建国神話を分析し、「建国精神」は、平和愛好、大義名分の尊重、「万機公論」（なんでも話し合いで決定する）、四民平等であるとし、いたずらに外国の思想や実情に振り回されずに、日本人が「建国精神」に還れば当時の日本の抱える社会問題はよい方向に向かうと説いている。主張するところはきわめて穏健といえよう。

いずれにしろ、当然永田は人一倍皇紀にも敏感であった。確証はないが、紀元二六〇〇年まであと一〇年というこの時期、永田が少なくとも建国祭運動の一員としてなにか国家的プロジェクトを模索していたとしても不思議ではない。

だが、紀元二六〇〇年記念にオリンピックを、というアイデアは永田のものではない。その話をするためにはまずオリンピック招致の意味を確認しておかなければならない。近代オリンピックは一八九六年の第一回大会以後四年ごとに開催されていたが、当初は国家的行事としての面は少なかった。なぜなら、当初は参加国も少なく、開催地は国家単位ではなく都市単位で国際オリンピック委員会（以下IOC）によって決定されるからである。しかし、アマチュアスポーツの祭典としてのオリンピックの名声の確立による大会規模の拡大にともなって、国家的威信の表出という面があらわれはじめていた（『オリンピックの政治学』）。しかも、この時点までの夏季大会の開催地はすべて欧米の主要都市なので、オリンピックの開催は、後述の万博とともに、開催都市が世界の一流都市であることの証明となった。日本は、一九一二年のストックホルム大会（第五回）に初参加し、一九二八年のアムステルダム大会で陸上の織田幹雄、水泳の鶴田義行が日本人初の金メダルを、水泳の人見絹枝が日本人女子初の入賞者として銀メダルを獲得するなど、次第に実力をつけてきていた。

このころ、スポーツ好きの市秘書課員、清水照男が、オリンピックがまだアジアでは開かれていない一方、オリンピックにおける日本選手の活躍が今後一層期待できるとして、その時点でも準備が間に合い、かつ紀元二六〇〇年にもあたる一九四〇年の第一二回大会の東京招致を永田に説いた(『幻の東京オリンピック』)のは、まさにこうした背景があったからであった。言い方を変えれば、オリンピックのアジア初の開催という壮挙(当然相当の困難が予想される)を実現しようとするには、紀元二六〇〇年という当時の日本にとって究極の名目が必要だったのである。

永田がこのアイデアを採用した動機についても確証はないが、アジア初の壮挙ほど紀元二六〇〇年にふさわしいものはなかったのであろうし、オリンピックの主催者が開催都市である以上、東京市長という当時のポストを活用できる企画でもあった。

一二月に帰国した山本は、東京開催の可能性があると永田に報告したため、永田はオリンピックの東京招致の意向を公表した(『東朝』一二月四日朝刊)。ちなみに同じ記事には、「なお、永田市長が主唱者となって例年開催している建国祭」でも紀元二六〇〇年に「盛大なる建国的催し」の「挙行」の検討を始めたとある。

そして翌一九三一年一〇月二八日、東京市会において、これをうける形で第一二回オリンピック大会の東京招致を市に求める建議が満場一致で可決された。つまり、オリンピック招致が市の正式の意向となったのである。注目すべきはその可決理由が、「復興成れるわが東京において第一二回国際オリンピック競技大会を開催することは、わが国のスポーツが世界的水準に到達しつつあるに際し、時あたかも開国二六〇〇年にあたりこれを記念するとともに、国民体育上裨益《ひえき》するところ少なからざるべく、ひいては帝都の繁栄を招来するものと確信す」（『第十二回オリンピック東京大会東京市報告書』）となっていたことである。ここで、「復興成れる」とは、関東大震災からの復興の一応の達成（三月二四日には天皇臨席で帝都復興祭が行なわれた）のことであり、「開国二六〇〇年」とは紀元二六〇〇年のことにほかならない。

注目すべきは、招致の動機にも、効果にも国民統合の促進が明示されていないことである。すなわち、まず招致の動機では、「わが国のスポーツが世界的水準に到達しつつある」が第一で、紀元二六〇〇年記念は「あたかも」、つまりたまたまのことに過ぎない、第二の目的であることである。次に招致成功の際に期待される効果として、「国民体育上」の効果と、「帝都の繁栄」が出てくるが、東京市会としては当然地域のことに最も関心があるはずであるから、市民の代表たる（地方議員もすでに男子普通選挙による選挙が行なわれていた）市会にとって、オリンピック招致を決定した最大の要因は「帝都の繁栄」、すなわち、オリンピック開催が東京市にもたらす経済効果だったのである。

以後、一九三五年に予定されたＩＯＣ総会での第一二回大会開催地決定に向けて東京市は活発な活動を行なうが、その経緯については橋本一夫『幻の東京オリンピック』に詳しいので、ここでは、一九三二年のロサンゼルス大会と同地で開かれたＩＯＣ総会で招致運動が大規模に行なわれたこと、一九三三年五月四日、市議会に東京市オリンピック委員会が設置され、翌年三月に市議会がオリンピック誘致費予算を可決したこと、日本のオリンピック委員会（ＪＯＣ）に相当する大日本体育協会は時期尚早として消極的姿勢をとっていたことを記しておくにとどめたい。

次に、奈良の動きであるが、具体的には橿原神宮の動きである（『橿原神宮史』巻一、巻二）。橿原神宮は創建直後から第一回の整備拡張事業を開始し、一九二六年に完成したが、工事中に付近の鉄道の発達などによって参拝者が予想以上に増加して早くも手狭となってしまった。そこで、一九二一年に総額約五三〇万円の第二回拡張事業計画を内務省に申請し、同年の第四五議会の衆議院でも事業実施を政府に求める建議が可決されたが、関東大震災による経済混乱のため立ち消えとなった。しかし、一九三〇年七月初め、鉄道の一層の発達によって参拝者がさらに増加して手狭になった上、付近に民家が増えて環境が悪化したとして、創建四〇周年記念事業として約一七〇万円の予算で第二回の整備拡張事業の実施を再び内務省に申請した。その中で注目すべきなのは、「第一回事業の経過に徴するに、本事業も向こう約十ヵ年を要し、明年度より起工して昭和一五年に完成致すべく存ぜられ候。あたかも同年は神武即位二六〇〇年にして、かつまた当神宮御鎮座五〇年に相当いたし候えば、ぜひとも同年までに多年の懸案たる本事業を竣成して意義ある祝典を挙行せらるることは国家として当然」

と、事業完成目標年がちょうど紀元二六〇〇年と橿原神宮創建五〇年にあたるからとして、事業の実施と橿原神宮での式典の挙行を国家事業という形で求めたことである。なお、この申請が行なわれたのは先にみた永田の発言より後ではあるが、この時点では永田の発言は報道されていないので、その影響はない。

以後橿原神宮は八月にかけて奈良県や内務省にはたらきかけを続けたが反応がなかったので、奈良県選出の代議士たちに依頼して、翌一九三一年二月、第五九議会衆議院に政府に対してこの事業への取り組みを求める「橿原神宮宮域拡張ならびに建物修築に関する建議」を提出させた。提出にあたって、神宮職員のポケットマネーから三〇円（今でいえば数十万円—一〇〇万円ぐらいか）を代議士たちに運動資金として渡したという記録が『橿原神宮史』巻二に載っている。この建議案は三月二六日に本会議で可決されたが、その際の「建議案提出理由書」には、「殊に、目下思想悪化の際、これが善導上よりするも、たとえ他の経費を節約してもこの事業のみはすみやかに完成すべきもの」と、国民統合政策上有用というアピールがなされている。永田が建国祭運動を始めたのと同じ論理である。しかし、時の浜口雄幸民政党内閣はなんらの対応も示さなかった。建国神話の主人公を祀り、しかも政府の支援を得て創建された神社とはいえ、そもそも当時の国家の年度あたりの全国の神社修繕整備予算は合計わずか数万円程度（現在の数千万円程度に相当）であり（帝国議会の議事録）、しかも恐慌脱出のための諸施策が目白押しであるという状況ではこの事業の優先順位はきわめて低かったのである。

結局、同時期に発案され、同じ紀元二六〇〇年にちなんだ企画であっても、オリンピックのほうは、経済的利益と結びつくことによって地域の支持を得、実現に向かって動き出したが、橿原神宮拡張整備のほうは、国民統合という問題とは結びついていたものの、地域の支持も、国家の支持も獲得できず、失敗に終わったのである。

2　一九三五年万博構想―外貨獲得と観光ブーム

一方、万博のほうはどうなっていたのだろうか。

大正期以後、国内では産業振興のためさまざまな博覧会が行なわれ、海外の万博への日本の参加も拡大していった。そうした動きを背景にして、一九二六年に博覧会に強い関心をもつ人々（ただしメンバーの詳細は不明）が博覧会倶楽部を結成した。ちなみに会長は先に出てきた古市公威で、平山成信も有力会員であった。博覧会倶楽部は諸外国の万博事情を調査した上で、一九二九（昭和四）年六月二二日、内閣に日本での万博開催を建議し、全国の地方団体や経済団体にも呼びかけた。

ついで、翌一九三〇年五月一〇日、博覧会倶楽部理事会で万博開催に向けて具体的に動き出すこととなり、五月二三日、東京府、東京市、東京商工会議所、東京実業組合連合、神奈川県、横浜市、横浜商工会議所、横浜実業組合連合、博覧会倶楽部、日本産業協会の代表者が東京商工会議所に集まって第一回博覧会協議会を開き、具体案立案を開始した（『内外博覧会総説』）。このうち、日本産業協会は一九二一年に博覧会協会と国産奨励会の合併によって農商務省（一九二五年に農林省と商工省に分離）の外郭団体の一つとしてできた社団法人で、海外の万博への出品業務を行なっていた。一九二九年一二月には阪谷芳郎が副総裁に就任している（『阪谷芳郎伝』）。

検討の結果、八月二八日に博覧会倶楽部会長古市公威が浜口首相他各大臣に再び万博開催を要請した。この時の計画は、名目は世界大戦終結二〇周年、関東大震災一二周年で、不況打開を目的とし、一九三五年四月から七ヵ月間の会期で京浜地区（具体的には芝浦埋立地と横浜地区）で開催、経費二五〇〇万円、その資金の大部分は入場券の前売によるとし、それ以外には政府、開催都市、関係者有志の補助、寄付金によるとされていた。この計画は九月に入ると新聞でも報道され、商工省も好意的な態度を示していた。

ところが、この段階から一九四〇年に開催を延期する主張があらわれはじめた。現在判明する限り、その最も早いものが阪谷芳郎の「家庭日記」の一九三〇年八月二八日の記事にある、「日本クラブ昼食　米国連合通信社久保礼道来訪す（二六〇〇年記念大博覧会の件）」という記述であるが、おそらくこのころ東京商工会議所の会合などでこうした構想を唱え始めたようである（『阪谷芳郎伝』）。

阪谷といえば、前章でみたように、大博の時には消極的な態度をとっていた人物である。おそらく日本産業協会副総裁となった関係上、万博に関心をもつに至ったと考えられるが、その意図は追い追いみていくことにして、彼は以後たびたび登場することになるので、ここで経歴をみておこう。

阪谷（男爵、のち子爵）は一八六三（文久三）年生まれ。大蔵官僚出身で、第二章でみたように渋沢栄一の女婿となり、主計局長、大蔵次官をつとめたあと、第一次西園寺内閣の大蔵大臣を、一九一二（明治四五）年から一九一五（大正四）年まで東京市長をつとめた。一九一七年に貴族院議員になってからは、「篤実円満」で「崇高なる徳風」をもつとされる人柄を買われてか、政府の各種審議会の委員はもとより、帝国発明協会、帝国飛行協会、帝国自動車協会、東京市政調査会、東京統計協会、専修大学、聖路加病院、国民禁酒同盟会など、あらゆる公益団体の役員をつとめ、「百会長」とも呼ばれていた。また、渋沢栄一が設立した多くの会社の役員にも名を連ねていた（同右）。つまり、日本経済の近代化の中心となった渋沢の業績を継承する役割を果たしていたといってよい。

次に延期を主張したのは市内に第二会場を設置する予定であった横浜市で、その理由は、市財政の極度の悪化と「世界共通の不景気時代」だからというものであった（『東朝』九月一一日朝刊）。たしかに当時は世界恐慌の真っ只中である。それでも東京市は依然一九三五年開催説をとり、一一月一〇日の第三回博覧会協議会で博覧会と、主催団体としての万国博覧会協会（以下万博協会）の設立計画案が承認され、同月中旬には、万博協会の設立認可を商工省に申請しようとするに至った。

しかし、一二月初旬には、一九三三年開催予定のシカゴ万博の直後では外国からの観光客の集客がむずかしいからとして、永田市長がオリンピックと同時開催してはどうかと提案し、阪谷や商工省が賛成したこともあって、東京市も一九四〇年開催説に傾き（『東朝』一二月四日朝刊）、翌一九三一年二月末には関係者の間で一九四〇年開催説が支配的となった。その理由は、「昭和一五年は紀元二六〇〇年にあたるからそれまで延期したほうが博覧会の効果をあげることができる」こと、神奈川県、横浜市が一九四〇年開催を強く主張したこと、政府が援助の条件としていた関係団体の意見とりまとめができなかったこと、一九三三年開催予定のシカゴ万博と接近すると「国際的出品を促すことが困難」、一九三五年では準備が間に合わない、などであった（『東朝』二月二七日朝刊）。要するに不景気が激しすぎて準備がおぼつかないので、紀元二六〇〇年という名目を利用してとりあえず延期したのである。

そのため、開催運動の一環として衆議院や東京市会に提出された建議案が三月末に可決されたものの、とくに衆議院の建議案は一九三五年開催を明記していたため無意味となり、万博開催運動もいったん中断の形となった。しかし、ここではそれらの建議にあらわれた万博開催のさまざまな意義づけについてみておきたい。

第五九議会衆議院に提出され、一九三一年三月二六日に本会議で可決された「日本万国博覧会開催に関する建議」は、「世界文化の進展および産業の発達に資せんがため、昭和一〇年を期し京浜両地の間を相して万国博覧会を開催」することを求めているが、理由書の万博開催の実質的な効用について述べた部分には、失業対策とともに「これによって来遊観覧の客平年に倍蓰《ばいし》する〔数倍になる〕あらば、いう所の外客誘致の目的おのずからに達せられ」と外国人観光客誘致をあげている。また、東京市会の建議案は市当局に万博開催を求めたもので、市会議員全員によって提出され、三月三〇日に可決されたが、オリンピック招致と同様、「わが帝都の産業興隆に資せんため」と地域経済への貢献を効用にあげている。

さて、衆議院の建議は、経済的効用の具体例として失業対策と「外客誘致」をあげていた。このうち失業対策は当時、一九二七年の金融恐慌以来の不景気が背景であることは明らかであるが、「外客誘致」のほうは多少の説明が必要であろう。なぜなら、この時期は、国家がこの問題を含む観光政策に真剣に取り組みはじめた時期だからである。

外客誘致の主張は一九一〇年代後半（大正中期）に国際収支改善策の一つとして問題となったことがあったが、第一次世界大戦にともなう大戦景気で日露戦争の外債も完済できたため立ち消えとなった。その後、一九二八（昭和三）年一二月、田中政友会内閣が恐慌対策の一環として内閣に設置した経済審議会が出した国際収支改善方策についての答申の中で、外人観光客誘致のための観光施設の改善が主張されて以後、具体的な動きが始まった。すなわち、議会での建議などを経て、外客誘致に関する中央機関として、一九三〇年四月二四日に国際観光局が鉄道省の外局として設置され、同局は、既設のツーリスト・ビューロー（現在の日本交通公社）とともにさまざまな施策を実施していく（『日本国有鉄道百年史』第一一巻）が、国際観光局の諮問機関として設置された国際観光委員会の委員の中には阪谷も含まれていた（『阪谷芳郎伝』）。

なお、こうした外人観光客誘致はなにもこの時期日本だけの現象ではなく、フランス、ドイツ、イギリス、イタリア、スイスなどで一九一〇—二〇年代に始まっており、前記の衆議院の建議もこうした世界的動向をも視野に入れたものであった（『日本のホテル産業史』）。

また、前章でみたように一九一〇年代から問題となり、内務省衛生局（公園行政を管轄）で検討されてはいたが進展をみていなかった国立公園制度についても、外客誘致策の一つとして具体化した。すなわち、やはり議会の建議を受けた形で一九三〇年一月に内務省が国立公園調査会を設置して検討の結果、翌年春の第五九議会に国立公園法案が提出されたが、法案の提出理由には、「国民の保健休養ないし教化に資せんとする」とともに、「わが国の独特なる大風景を、広く外国人に享用せしめることは、他の観光施設と相まってわが国の国情を海外に紹介し、国際親善上寄与する所多きはもとより、ひいて国際貸借改善上に資する所必ずや至大のものあり」とあり、これらの中で差し迫った問題が外人観光客を増やして外貨獲得を促進すること（「国際貸借改善」）であるからである。

この法案は原案が可決され、一九三一年四月一日に公布され（一〇月一日施行）、同法にもとづいて内務省に設置された国立公園委員会で候補地の選定が行なわれ、一九三二年一〇月に一二ヵ所の候補地（阿寒、大雪山、十和田、日光、富士、日本アルプス、吉野および熊野、大山、瀬戸内海、阿蘇、雲仙、霧島）が正式決定し、一九三四年三月に三ヵ所（瀬戸内海、雲仙、霧島）が日本初の国立公園に指定され、同年一二月五ヵ所（阿寒、大雪山、日光、中部山岳、阿蘇）、三六年二月に四ヵ所（十和田、富士箱根、吉野熊野、大山）が指定された（『内務省史』第三巻）。この選定経緯も大博の敷地問題のようにさまざまな利害がからみ、いろいろ興味深い話があるが、ここでは省略する（帝国議会議事録のほか、国立公文書館の環境庁の資料の中の一件書類を参照）。

なお、こうした一連の動きの一つとして、各自治体が国際観光局の斡旋で政府から低利融資を受けて各観光地に外人向けのホテルを一九三三年から四〇年にかけて建設（通常は業者に委託）した。いずれも経営こそ民営となったが、四〇年の開業直後に焼失したニューパークホテル（宮城県松島海岸を除き、現在も営業している。一応示しておくと、ホテルニューグランド（横浜市、この場合は増築のみ）、蒲郡《がまごおり》ホテル（愛知県。現蒲郡プリンスホテル）、琵琶湖ホテル（滋賀県）、上高地ホテル（現上高地帝国ホテル、長野県）、川奈ホテル（静岡県）、名古屋観光ホテル（愛知県）、志賀高原温泉ホテル（現志賀高原ホテル、長野県）、赤倉観光ホテル（長野県）、富士ビューーホテル（山梨県）、雲仙観光ホテル（長崎県）、唐津シーサイドホテル（佐賀県）、阿蘇観光ホテル（熊本県）、日光観光ホテル（現日光金谷ホテル、栃木県）である（『日本のホテル産業史』）。これらの中には当時の建物が現存しているケースもある。三河湾を望む高台に建ち、東海道新幹線からも見ることのできる、愛知県蒲郡市の蒲郡プリンスホテルはその一例である。

肝腎の外人観光客の数は、一九二二年には六万人以上に達したが、世界恐慌と満州事変の影響で一九三二年には約二万人まで落ち込んだ。しかし、金輸出再禁止（一九三一年一二月）による円の暴落や、世界経済が回復基調となったこと、満州事変が一段落ついたことなどから再び増加し、一九三五年には四万人を超え、彼らの消費額も、一九三一年までは毎年四、五〇〇〇万円程度であったが、以後増加し、三六年にはついに約一億七〇〇〇万円と経常国際収支のわずかな黒字額の半分を占めるに至った（『日本交通公社五〇年史』）。つまり、外人客の増減は、政府の観光政策より国際政治や国際経済の動向に左右される度合いが大きかったわけだが、こうした国策としての外人観光客誘致の風潮は、産業としての観光事業について、国内の関心を喚起する背景となっていく。

3　紀元二六〇〇年万博構想―阪谷芳郎の登場

さて、いったん中断の形となっていた万博開催運動は一九三二年に入って再開した。その中心は阪谷であった。阪谷は、その後脳溢血のため病気療養を余儀なくされ、回復しはじめたころには満州事変による国際関係悪化の改善に政治的関心を集中させており（『阪谷芳郎伝』）、満州事変が一段落し、議会も終わった一九三二年四月上旬になって再び万博への関心を復活させたのである。すなわち、阪谷は後述の構想による紀元二六〇〇年記念万博を実現すべく、日本産業協会や東京商工会議所の知人（その中には大博事務局にいた山脇春樹もいる）とともに商工大臣、商工次官（当時博覧会は商工省が所管）

へのはたらきかけを開始している（「家庭日記」「日本産業協会日記」）。

この際阪谷は、会場を東京湾埋立株式会社が造成した鶴見付近の埋立地とする案を、同社の浅野総一郎社長と関毅技師に相談している。同社は浅野が率いる浅野財閥の傘下会社の一つで、一九二〇（大正九）年一月に創立され、川崎、鶴見地区の埋立事業を行なっていた。阪谷は、浅野が阪谷の義父である渋沢栄一の支援を受けていたことなどから、同社の創立にあたって取締役となった。同社は一九二五年前後に事業の最盛期を迎え、多数の埋立地を造成して工場用地として大企業に販売していたが、金解禁による不況の深刻化によって売却が滞るようになり、売れない埋立地の処分に苦慮していた（『東京湾埋立物語』）。こうしたことが、万博をめぐる阪谷の活動にも影響を及ぼしていたのである。

さて、七月二九日、一年半ぶりに博覧会協議会（正確にはその中の万国博覧会実行委員会）が開かれた。この時期に再開されたのは、満州事変の一段落を背景とし、直接的には阪谷の活動によって万博への関心が関係者の間に再び喚起されたためであろう。この会合で検討された万博計画は、紀元二六〇〇年記念を趣旨として、会期が一九四〇年三月から一〇月までの八ヵ月間、場所は東京の月島、新越中島埋立地約五〇万坪、経費二五〇〇万円というものであった（『東朝』九月一〇日朝刊）。

開催年変更の理由は、一九三五年開催案に横浜が強く反対したまま「内外時局多端を極めたるをもって、実行委員においても形勢を観望しつつ今日に及び」、つまり満州事変の状況を見極めていたためもはや一九三五年では準備が間に合わず、「あたかも昭和一五年は皇紀二六〇〇年に相当し」、オリンピック招致運動も行なわれているためとしている（「皇紀二千六百年紀念万国博覧会関係書類」）。注目すべきは、オリンピックの場合と同様、開催年がたまたま紀元二六〇〇年に相当するとなっており、この名目が後から付加されたものであることがわかる。要するにオリンピックに合わせることで準備期間を確保しようというのが一九四〇年に開催年を変更した理由とされているのである。

そしてこの方針に従って一〇月三一日に社団法人日本万国博覧会協会設立の認可を商工省に申請し、さらに翌一九三三年三月二五日の第六四議会の衆議院本会議で、政府に対しただちに万博の準備に着手することを求める「万国博覧会開催に関する建議」が可決されたが、建議委員会の趣旨説明では提案者の竹沢太一が、「一般産業界、経済界ならびに海外通商等の事情に顧みまして、きわめて緊切の施設」と、経済的効用を強調する発言をしている。ちなみに、この竹沢は、前章で東京市の臨時博覧会局職員としてすでに顔を出しているが、その後も諸外国での万博の日本側責任者を歴任していた博覧会専門家であった。

しかし、これに対する商工省側の見解は、趣旨は結構だが財政困難のため財政的援助は大蔵省との相談次第という消極的なものであった。実際、当時、斎藤実内閣の蔵相高橋是清による、いわゆる高橋財政下の時局匡救《きょうきゅう》事業のための大幅な財政支出の増加で財源が不足し、赤字公債発行にまで追い込まれていたのである。

こうしたなかで、阪谷は八月に「皇紀二千六百年紀念事業経営法案要綱」および「皇紀二千六百年紀念万国大博覧会開催に就《つい》て」という案を作り、東京湾埋立会社で印刷させた(阪谷「家庭日記」「日本産業協会日記」。斎藤首相に渡したものが「斎藤実関係文書」に現存)。前者は阪谷の万博構想の集大成となっているので詳しくみておきたい。

第一条では記念事業としてまず万国博覧会をあげ、会場は東京またはその付近、経費五〇〇〇万円、会期八ヵ月などの具体案が示されている。次に費用一〇〇万円で「奈良県内適当の場所」に「神武天皇の記念碑」の建設をあげ、最後に全国各地の記念事業に若干の補助をするとなっている。第三条は万博の事業形態の規定で、政府が第一条の事業経営のため、特殊会社(「皇紀二六〇〇年記念事業経営株式会社」)を設立するとしているが、第三条の後半で、会社の申し出により政府は博覧会事務局を設置できることがわざわざ明記されているので、事業の中心が万博であることは明らかである。以後最後の第一三条までこの会社の経理や万博の経営についての規定が中心であるが、第八条では、特殊会社が一九三六年から一〇〇〇万枚の入場券を前売し、その際総額五〇〇万円以内の「花籤」、すなわち一種の宝くじを付けることができるとしている。

そして立案理由について、「理由」という項で、「皇祚の無窮と大和民族の永久繁栄を祈り国光を宇内に宣揚する」ための紀元二六〇〇年記念事業には「国民の発起に期待」すべきだが、「規模力の広大」のため政府の「監督統制」が必要なので立案したと述べ、最後に「付言」として、国庫に負担をかけないため、くじ付入場券という案を出したとしている。要するに、この案の主眼は万博の実施にあるが、その他の事業も予定し、それを特殊会社という間接的な形式をとりながらも政府が関与するという内容となっていたことから、政府が体系的な政策（つまり個別の事業だけではない）としての紀元二六〇〇年記念事業を統制、監督することを主張した初めての構想であったといえる。

後者は規模と敷地について検討したものであるが、全体の分量からみて敷地問題に重点がおかれている。規模については諸外国の万博の例を引き、万博協議会の二五〇〇万円案は小さいとして五〇〇〇万円案を主張し、敷地については、万博協議会案の月島、新越中島は敷地が狭く、交通も不便であるとして、かわりに川崎付近の埋立地を推奨している。この埋立地は前出の鶴見付近とほぼ同じものを指しているとみられ、いずれにしても東京湾埋立会社が造成して売却できずに困っていた土地であり、交通の便については、月島、新越中島ととくに差はないと思われる。「崇高なる徳風」をもっていたとされる阪谷ではあるが、ことこの問題に関しては自分の関係する企業の救済という意図があることはまちがいない。

もっとも月島埋立地の場合も似たような問題を抱えており、少し後の話になるが、一九三四年四月には、月島埋立地の活用について東京市が主要な経済人に意見聴取を行ない、市庁舎（有楽町に所在）の月島への移転も取り沙汰されていた（『東朝』四月一一日、九月四日、一〇月一八日各朝刊）。つまり、万博の会場選定は、不景気で余っている埋立地の活用という問題ともからんでいたのである。

なお、後者には、参考にした例として一八九三年のシカゴ万博、一九〇〇年のパリ万博、一九〇八年のロンドン万博が明記されているが、いずれもこの時点までは最大規模の万博であり、とくに当時最も成功した万博といわれたパリ万博については、博覧会倶楽部が一九二九年三月に発行した『海外博覧会本邦参同史料』第四編の中で、「まず財源を確定し、殊に巧妙なる富籤案によりて収入を確実にし」「博覧会の当例事たる損失の苦を免れたるは、外観の成功を得たると同時にまた内実の良果を収めたるものなり」と、前売入場券に宝くじを付けたことによって売れ行きがよかったため、事前に十分な資金調達ができたことが成功の要因とされていた。だから阪谷も同様の方法を提唱したのである。

以後阪谷は万博協議会とは別個に万博実現に向けて運動をはじめ、一九三三年一月には前述の案を基に独自に貴衆両院に建議案の提出を計画したが果たせず（「家庭日記」）、そのかわり三月二〇日の第六四議会貴族院本会議の昭和八年度追加予算案の質疑の際、関連質問という形で阪谷が総理大臣に対して質問した。阪谷は、日本が明治以後「全世界にわたり大々的国光の宣揚を見」たことを思うと、「始祖たる神武天皇の宏大なる御偉業を感謝せざるを得」ないので、「盛大に奉祝記念の誠意を表し、われわれの作りたる記念事業を永く後世に伝」えることによって「ますます皇威を発揚し奉」ると記念事業の意義を述べた後、記念事業について、「皇紀二千六百年紀念事業経営法案要綱」と同様の案を開陳しているが、とくに万博については「わが国に多数の観光者を引寄すべき性質のもの」と、国際観光委員会委員の経歴を生かして、外客誘致策の一つとしての意義づけを行なっている。これは国家が監督、統制する体系的な政策としての紀元二六〇〇年奉祝記念事業という構想を国政の場で議論した最初となり、阪谷が紀元二六〇〇年奉祝記念事業の中心人物となることが確実となった瞬間でもあった。実際、政府の公式記録（『祝典記録』）も、紀元二六〇〇年奉祝の動きの発端をここに置いている。

なお、阪谷の発言中、注目すべきは、明治以後の日本について、「血族蕃殖《はんしょく》して世界人類中最優等の位置に立つ優秀民族となり、理知道徳に富み、学芸農工業に熟達し、自由平等の政治を有する強固なる大強国を成すに至ったのであります」と評価していることである。「優秀民族」云々の評価は、今からみればとんでもない人種偏見であるが、阪谷の世代が影響を受けた社会思想が、イギリスのスペンサーを始原とする社会有機体説（人間社会、ひいては国際社会も弱肉強食）であること（中野目徹『政教社の研究』によれば、実際、阪谷は東大でフェノロサから社会有機体説を学んでいる）を考えれば、十分あらわれうる評価であり、これを批判しても意味がない。むしろそれ以後の部分に注目したい。とくに五・一五事件後のこの時期において、「自由平等の政治を有し」とは、従来の歴史常識とはずいぶん違う評価であるが、この時期においてこのような評価が議会で行なわれていることは決して無視すべきではない。そして、阪谷が万博について、大博の時と評価を逆転させた要因もここからうかがえるように思われる。つまり、日本は、同じように政府が財政難であっても、民間の活力で万博が可能なまでに発展してきたのだと。

これに対し、時の総理大臣であった斎藤実は、趣旨には同感としながらも、「篤《とく》と調査を致しました上に具体的なことに及びたい」と答えた。十分調査した上で考えるというのだから、どうみてもただちに阪谷の提案を実行に移す意志のないことを表明した答弁である。しかし将来に含みを残す発言であったためか、阪谷は、「どうぞぜひこのことについては御実行を願います」と念を押した上で「満足」としたのである。

以上みてきたように、万博問題の場合も、国際親善や産業振興という漠然とした意義のほかに、地域振興や国際収支改善のための外客誘致という、より具体的な効用への期待もあって合意を獲得しつつあったが、国家的事業という観点から、国家の体系的事業としての紀元二六〇〇年奉祝記念事業という発想を生んだのである。しかも、こうした阪谷の行動は別のところにも影響を及ぼしていくことになる。

4　橿原神宮、奈良県と観光ブーム

阪谷の質問演説直後の一九三三年三月三一日の阪谷の日記（「家庭日記」）に次のような記述がある。

「八木逸郎（牛込区市谷件之町四一）書画帖持参揮毫を乞わる。皇紀二六〇〇年奉祝の件につき談ず」。

八木逸郎は奈良県選出の民政党代議士であるが、彼が阪谷宅を訪れ、紀元二六〇〇年奉祝について会談したのである。ではなぜ八木がこのとき阪谷に会いに行ったのか。それを解く鍵になるのが、一九三四年一月二七日付『奈良新聞』の「橿原と奈良を結ぶ／参宮自動車路を新設／紀元二六〇〇年祭までに竣成／貴衆両院へ陳情書」と題する記事である。この記事は興味深い記述が多いので、まず全文を引用する。

　建国の祖神神武大帝が大和橿原の宮に即位し給いしよりここに二五九四年、連綿たる皇統の輝きは今や三大強国として全世界に君臨し皇国の隆盛いよいよさかんなるものがあるが、昭和一五年には神武大帝が祖国日本の〔ママ〕きずき給いてよりちょうど二六〇〇年になるので、来るべき非常時を征服し、さらに東洋の実権を掌握、もって全世界に活躍せんと早くも有志間に建国二六〇〇年祭を挙行すべく計画を進められ、政府においても東京市に万国博覧会を開催し日本の文明発達を汎《あまね》く全世界に輝かさんとしているが、この意義ある大祭にあたって建国の霊地においてもその二六〇〇年祭を最も盛大に行なうべく、橿原神宮の所在地畝傍町で準備を進められ、このほど橿原神宮奉讃会なるものを組織し、全国より浄財を募集して神域の拡張を行ない、さらに国庫をもって奈良、橿原間を結ぶ参宮自動車道路の達成をはかることになって、いよいよ今六五議会に貴衆両議院へ陳情書を提出すべく目下調印〔ママ〕をとりまとめ中とあるが、建国の地大和としては有意義なる事業であり、かつ奈良市としても遊覧都市として立つ上にこの上ない計画なので賛成者が多いと。

当時、すでに軍部によって危機意識が唱えられ始めていたことを反映してか、冒頭には勇ましい文句が並べられているが、最後まで読んでいただければ、この記事の内容の重点が後半にあることはわかっていただけると思う。その要旨は、東京での動向の影響で橿原神宮拡張の動きが橿原神宮の地元畝傍町でも起こったこと、それにともなって奈良からの自動車道路新設の動きもあること、そして自動車道路の起点となる奈良市でも「遊覧都市として立つ上に」、すなわち産業としての観光事業を振興する立場から賛成者が多いというものである。すなわち、八木の阪谷への接触に始まる奈良県内での紀元二六〇〇年奉祝の動きは、橿原神宮の運動に触発されたのではなく、阪谷を中心とする万博の動きに触発されたものなのである。したがって、「非常時を征服」し、「もって全世界に活躍せん」ためではなく、経済的利益への期待によるものなのである。なお、ここにある陳情書は請願という形で二月中旬に貴衆両院に提出され、可決されたほか、三月二五日衆議院本会議可決の「橿原神宮に補助金交付に関する建議」という形で結実した。

こうした自動車道路の構想や観光産業についての関心は突然出てきたものではない。元来奈良県は有名な観光地ではあったが、外客誘致の風潮や国立公園設定を機に県内で観光産業への関心が急速に高まっていたのである。すなわち、一九三二年一〇月に内務省が決定した国立公園候補地に吉野地域が含まれていた(結局一九三六年二月に吉野熊野国立公園として指定される)ことから、奈良、京都、滋賀の三府県で観光道路の整備や緑地造成の計画が持ち上がり、一九三三年四月末から三府県の関係官で構成された近畿観光施設連絡協議会によって検討が始まった。その動きを伝える新聞記事には、「京阪神から吉野国立公園へ」(『奈良新聞』五月五日)といった見出しや、「都会人および将来商用その他で訪れる外人の観光客誘致に備えるため」(同八月七日)といった記述がみられる。そして同じ四月には奈良市に、当時としては全国でも珍しい観光課が設置され、さらに一九三四年の一月には奈良県公園課長坂田静夫が、『奈良新聞』に掲載した国立公園設定の意義を述べた論文の中で、外人観光客が「せめて一〇万人も来てくれるようになったらそれだけ日本を理解してくれることになり、またそれだけ金を落して行くので、一人当り三〇〇円ついやしても三〇〇〇万円の金が日本に落ちる次第である、決して馬鹿にはできない問題である」と、経済的利害の観点から外客誘致を主張している。

こうした状況に対応して橿原神宮も予算三〇〇万円の計画案を作って運動を再開し、運動の結果、一九三四年三月二五日、貴族院本会議でこれを支持する「官幣大社橿原神宮の規模神域整美に関する建議」が可決されるが、その過程では、これも現在の国家神道に対するイメージとはまったく異なった事態が起きている。それを当時の橿原神宮宮司(同神宮の最高責任者)高松四郎の手記(『橿原神宮史』巻二)でみてみたい。

すなわち、高松がこの計画を推進しようと上京し、日本古代史の専門家である東京帝国大学の黒板勝美教授に相談したところ、当時の石田馨内務省神社局長(政治学者石田雄《たけし》氏の父)では「見込なし」

とし、神社局総務課長の児玉九一(日露戦争時の陸軍総参謀長児玉源太郎の九男)も「むしろ大なる所よりガンとやるを上策とす」というので、貴族院で建議してもらうこととし、神社局に石田を訪ねてこれを通告したところ、石田は、「今や御屋根の修繕も完了し得ざる神社の存する際、橿原神宮は一通り整いたれば、この上なんら加える要を見ず。かつ国費多端の今日、かくのごとき膨大なる計画には同意するを得ず」と述べた。全国の神社の中で橿原神宮だけを特別扱いできないし、その財源もないというのである。

これに対し、「法隆寺の修繕に一七〇万円の国費を支出する今日、思想困難のこの際、紀元二六〇〇年の橿原神宮記念事業としての三〇〇万円は、決して過当にあらず」と、国民統合への効用を主張したが、石田が認めなかったので、潮恵之輔《うしおしげのすけ》内務次官に相談したところ、潮は、紀元二六〇〇年記念事業については検討中で、橿原神宮についても「なんらか成すべき予定」であると述べた。しかし、石田はそのような話は聞いていないとして、高松に「政治工作」を禁じた。しかし、高松は運動を続け、前述のように建議可決に成功したが、四月一一日、「突如」札幌神社(現北海道神宮)に転任となった。札幌神社は橿原神宮より一ランク下の官幣中社であるから、これは明らかに左遷である。しかし抗議に訪れた高松に対し、石田は「適材適所の転任なり」と言ったという。

この事態の意義を考えるためには、第一章で述べた以後の神道をめぐる状況をみておく必要がある。簡単にいえば、政府は神社を国民統合に利用しようとすることはあっても、神社や神職の待遇改善を積極的に行なおうとはしなかった。日露戦後の社会安定策の一つとして神社が重視された結果、府県社以下の神社への財政支援こそ日露戦後に復活したが、そのかわり神社の統廃合が行なわれ、また関東大震災後の社会不安への対応や政党内閣期の国民の精神的引き締め策にも利用されたが、その報酬としての待遇改善は、多少の財政支援強化や統廃合された神社の復活がなされたにとどまった。神職たちが最も望んだ事実上の国教化は、神道の性格問題に関する議論のために進展しなかった。神道行政のための独立の官庁の設置、神社法の制定などが検討されたものの実現しなかったのである。当然神職たちの不満は大きかった（『国家神道形成過程の研究』「国家神道の形成と展開」）。

当然、神社局も内務省の六つの局長ポストの中では最も嫌がられたポストであった。現に、神社局は省内では衛生局とともに三等局といわれており（『事典　昭和戦前期の日本』）、のちに歴代の神社局長経験者は口をそろえて神社局は「六ケ敷《むつかしい》」と回想しているし（『神社局時代を語る』）、そのなかでも一九二三年から二四年に局長に在任した佐上信一のように、神職側と対立して左遷された例もある（『近代日本の思想動員と宗教統制』）。以上の背景を考えると、先の石田の行動は、おそらく、橿原神宮を特別扱いすることによる他の神社（とくに同格の）の反発を恐れたためと思われる。

実際、少しあとの事例になるが、全国神職会の機関誌（旬刊）『皇国時報』が一九三五年一月から二月にかけて三回連載した読者投稿「皇紀二六〇〇年をいかに意義あらしむべきか」をみると、投稿者一〇名でそれぞれ数項目ずつとなっているが、記念事業として橿原神宮の記念碑や記念館建設をあげるケースが三件あるほか、橿原神宮の特別扱いの主張は一件だけ(伊勢神宮との同格化)であり、その他は、全神社で祭典(神道の儀式)を行なうことや、一般に皇紀の使用を奨励すべきという意見が最も多く、橿原神宮を特別扱いする傾向は少ない。そして一九三六年五月末に全国神職会皇紀二六〇〇年記念事業調査会が決定した記念事業は、橿原神宮を会場とする全国神職会の大会、記念出版、皇紀尊重の運動開始、祝祭日の家庭行事化、全国神職会の事業拡大であり(『皇国時報』)、橿原神宮優遇に関する事項はない。なお、これらの中で皇紀使用奨励が目につくのは、逆に言えばそれだけ当時は一般に皇紀の使用がみられなかったことを示していて興味深い。

つまり、少なくともこの時点までの神社局長というポストは、キャリアに傷をつけたくないならば、まさに「さわらぬ神にたたりなし」とばかりに無難に過ごそうという考え方も短期的には十分ありうるポストだったのである。石田の場合、問題なしと認められたとみえ、三五年一月には神奈川県知事、三六年三月に警視総監という「帝都」の治安維持の責任者たる重要ポストまで昇進することに成功して三七年一月に退官する。

しかしその一方で、内務省内には潮や児玉など好意的な人物もいた。その意図についての史料は残念ながら見当らないが、後出の一九三四年一〇月末の動きから考えれば、おそらく彼らは国民統合強化のために、建国のシンボルを祀る橿原神宮を利用することを考えていたと思われる。その点をごく簡単に説明すると次のようになる。当時は、恐慌後、賃上げや小作料減免が争議の主流となったことにもあらわれているように、紆余曲折はありながらも、次第に国民生活が豊かになりつつあることから、国民が自分やそのまわりにのみ関心を向けつつあると一般的に考えられていた。そうした状況のなかで国家の発展を継続するためには、国家に対し肯定的な意味での関心（愛国心）を持ち続けてもらう必要があり、その手段の一つとして建国シンボルを用いた国民精神の引き締め（国民教化）を行なおうとしたということであろう。

そしてそれは、うまくいけば、国民の私的欲求と国家の方針をなんとか折り合わせるという内務官僚の任務遂行を少しでも円滑化しうる点で、長期的には内務官僚という立場にもプラスになりうる施策であった。そのため、一九四〇年に神社局が神祇院として拡大強化され、神道の意義づけをめぐる論争には決着がつかなかったものの、以後神道への政府のてこ入れが強まることになる。ただし、これが戦時下でようやく実現したことは注意しておいてよい。いずれにしろ、内務省内に支持者がいたため、以後も奈良県側の運動は続けられた。

すなわち、同年九月一五日、奈良県選出、出身の貴衆両院議員の主唱によって奈良県における紀元二六〇〇年記念事業に関する協議会が開かれた。同会では東京市の荒木孟産業局長が東京市の事業計画について説明したあと、懇談の結果、記念事業として、橿原神宮における盛大な式典の挙行、橿原神宮の整備拡張、その他聖蹟の顕彰、歴代皇陵祭を平城宮址で挙行、橿原神宮参拝の青年のための施設（参籠所、武道場）の建設、各種の記念の全国大会の開催、事業実施機関の設置を奈良県当局に「建

吉川弘文館

新刊ご案内　2020年2月

〒113-0033・東京都文京区本郷7丁目2番8号　振替 00100-5-244（表示価格は税別です）
電話 03-3813-9151（代表）　ＦＡＸ 03-3812-3544　http://www.yoshikawa-k.co.jp/

ユネスコの世界文化遺産に登録された平泉の魅力に迫る

『内容案内』送呈

平泉の文化史 全3巻

菅野成寛監修

各二六〇〇円

Ｂ5判・本文平均一八〇頁　原色口絵八頁

奥州藤原氏歴代が築き上げた岩手県平泉は、固有の文化として世界文化遺産に登録された。中尊寺金色堂や柳之御所、無量光院等の調査成果を、歴史・考古・美術の諸分野をクロスオーバーして紹介。平泉文化圏の実像に迫る。

刊行開始！

❶平泉を掘る　寺院庭園・柳之御所・平泉遺跡群

及川　司編

遺跡から掘り出された、中世の平泉。奥州藤原氏歴代の居館・柳之御所遺跡、毛越寺に代表される平安時代寺院庭園群、平泉の仏教文化に先行する国見山廃寺跡などの発掘調査成果から、中世平泉の社会を明らかにする。本文一九二頁

（第1回配本）

【続刊】

❷平泉の仏教史　歴史・仏教・建築

菅野成寛編　（6月発売予定）

❸中尊寺の仏教美術　彫刻・絵画・工芸

浅井和春・長岡龍作編　（9月発売予定）

モノのはじまりを知る事典　生活用品と暮らしの歴史

木村茂光・安田常雄・白川部達夫・宮瀧交二著　四六判・二七二頁／二六〇〇円

私たちの生活に身近なモノの誕生と変化、名前の由来、発明者などを通史的に解説。人がモノをつくり、モノもまた人の生活と社会を変えてきた歴史がわかる。理解を助ける豊富な図版や索引を収め、調べ学習にも最適。〈2刷〉

宗教者…。さまざまな生涯を時代と共に描く大伝記シリーズ

通巻300冊達成！

四六判・カバー装
平均 300 頁
系図・年譜・参考文献付

日本歴史学会編集

第11回(昭和38年)菊池寛賞受賞

阿倍仲麻呂

森　公章著

(通巻298)二五六頁／二一〇〇円

奈良時代の遣唐留学生《るがくしょう》。官人として玄宗皇帝に仕え、李白・王維ら文人とも交流。帰国の船が漂流して再び唐に戻り、異国の地で帰らぬ人となる。特異な境遇を冷静に見つめ、日唐関係史のなかに位置づけた確かな伝記。

経　覚

酒井紀美著

(通巻299)三二八頁／二三〇〇円

室町中期の僧侶。興福寺の大乗院門跡として大和国支配に力を注ぐが、将軍足利義教と対立。国内武士の争いにも積極的に参加し、二度の没落を経験する。応仁の乱も記録した日記『経覚私要鈔』から、波瀾の生涯を描く。

徳川家康

藤井讓治著

(通巻300)四五六頁／二四〇〇円

江戸幕府を開いた初代将軍。人質時代から三河平定、信長との同盟、甲斐武田氏との攻防、秀吉への臣従、関ヶ原の戦いと将軍宣下、大御所時代まで、七五年の生涯を正確に描く。神君として顕彰され、さまざまな逸話が事実のごとく創出されるなど、バイアスのかかった家康像から脱却。一次史料から浮かび上がる等身大の姿に迫る。巻末に、全行動が辿れる「家康の居所・移動表」を付載。

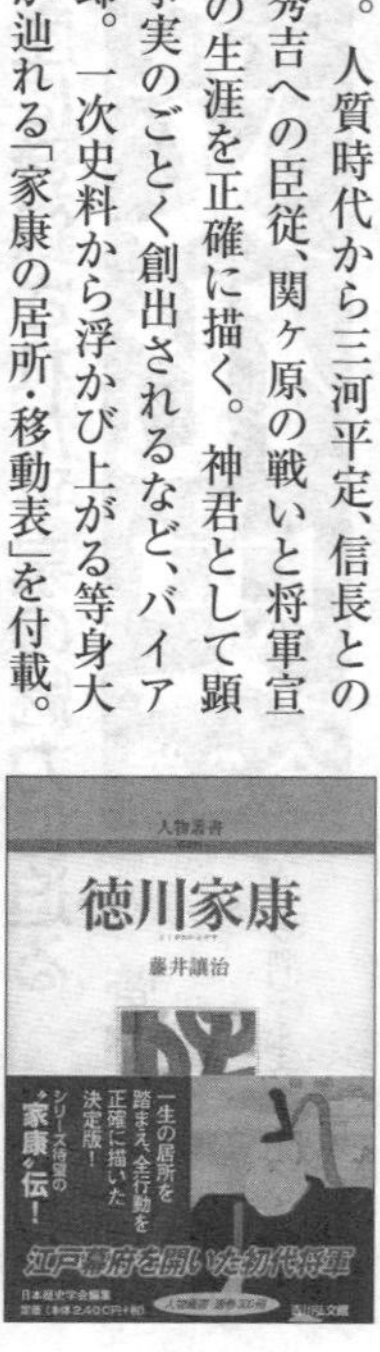

日本の歴史を彩る人びと。政治家・武将・文化人・

人物叢書

ルイス・フロイス

五野井隆史著

（通巻301）三三六頁／二三〇〇円

戦国末期に、ザビエルの衣鉢をつぎ来日したイエズス会宣教師。畿内・九州各地でキリスト教を宣教。日本人の文化・習俗に精通し、『日本史』『日欧文化比較』を執筆。当時の社会を知る上で貴重な記録を残した生涯を描く。

二条良基

小川剛生著

（通巻302）三五二頁／二四〇〇円

南北朝期の関白。北朝の首班として多くの危機に奮闘、室町将軍と提携して公武関係の新局面を拓く。連歌集『菟玖波《つくば》集』を編み、能楽を庇護して、室町文化の祖型を作る。毀誉褒貶《きよほうへん》を集める内面と、活力溢れる生涯を描く。

徳川秀忠

山本博文著

（通巻303）三〇四頁／二二〇〇円

父・家康と息子・家光の間に挟まれ、あまり目立つことのなかった第二代将軍。武功はないものの、年寄による合議制や大名統制など、幕府の支配を磐石にした。秀忠独自の政策や政治手腕を分析し、その人物像に迫る。

【別冊】人とことば

日本歴史学会編

二六〇頁／二一〇〇円

天皇・僧侶・公家・武家・政治家・思想家など、日本史上の一一七名の「ことば」を取り上げ、言葉が発せられた背景を読み解きつつ、その意義を生涯と合わせ簡潔に叙述する。人物像の見直しを迫る「ことば」も収録。出典・参考文献付。

日本の古墳はなぜ巨大なのか

古代モニュメントの比較考古学

国立歴史民俗博物館・松木武彦
福永伸哉・佐々木憲一 編

古代日本に造られた膨大な古墳。その傑出した大きさや特異な形は社会のしくみをいかに反映するのか。世界のモニュメントと比較し、謎に迫る。古代の建造物が現代まで持ち続ける意味を問い、過去から未来へと伝える試み。　Ａ５判・二七二頁・原色口絵八頁／三八〇〇円

卑弥呼と女性首長（新装版）

清家　章著

邪馬台国の女王卑弥呼と後継の台与。なぜこの時期に女王が集中したのか。考古学・女性史・文献史・人類学を駆使し、弥生〜古墳時代の女性の役割と地位を解明。卑弥呼が擁立された背景と要因に迫った名著を新装復刊。　四六判・二五六頁／二二〇〇円

「王」と呼ばれた皇族

古代・中世皇統の末流

日本史史料研究会監修・赤坂恒明著

〈2刷〉　四六判・二八六頁／二八〇〇円

日本の皇族の一員でありながら、これまで十分に知られることのなかった「王」。興世王、以仁王、忠成王など有名・無名のさまざまな「王」たちを、逸話も交えて紹介。皇族の周縁部から皇室制度史の全体像に初めて迫る。

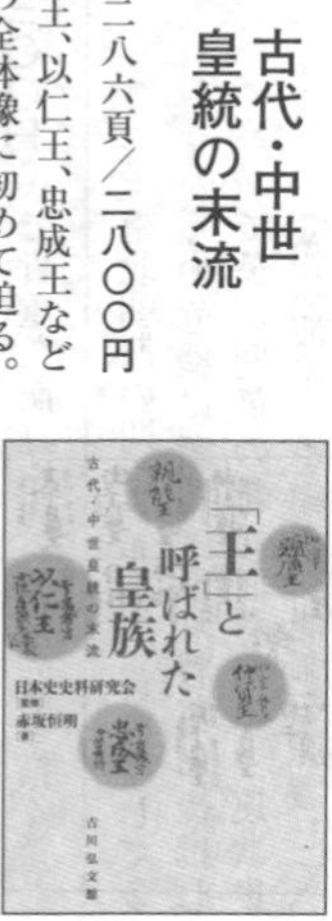

鎌倉時代論

五味文彦著

四六判・四四八頁
三二〇〇円

鎌倉時代とは何だったのか。中世史研究を牽引してきた著者が、京と鎌倉、二つの王権から見た鎌倉時代の通史を平易に叙述。さらに、著者の貴重な初期の論文など六編も収める。『吾妻鏡の方法』に続く、待望の姉妹編。

歴史文化ライブラリー

●19年11月〜20年2月発売の7冊

四六判・平均二二〇頁　全冊書下ろし

人類誕生から現代まで／忘れられた歴史の発掘／常識への挑戦／学問の成果を誰にもわかりやすく／ハンディな造本と読みやすい活字／個性あふれる装幀

490 明智光秀の生涯〈3刷〉

諏訪勝則著

本能寺の変の首謀者。前半生は不明だが、足利義昭や織田信長に臣従して頭角をあらわす。連歌や茶道にも長け、織田家中随一の重臣に上り詰めながら、なぜ主君を襲撃したのか。謀反の真相に新見解を示し、人間像に迫る。

二五六頁／一八〇〇円

491 神仏と中世人 宗教をめぐるホンネとタテマエ

衣川　仁著

中世人は富や健康、呪咀などの願望成就を求め、寺社は期待に応えて祈りを提供した。人々は神仏にいかに依存し、どう利用したか。期待と実際とのズレから民衆の内面に迫り、現代の「無宗教」を考える手掛りを提示する。

二二四頁／一七〇〇円

492 戦国大名毛利家の英才教育 元就・隆元・輝元と妻たち

五條小枝子著

戦国大名毛利家に関する膨大な文書から、元就・隆元・輝元の妻たちに光を当てる。夫婦関係や子どもへの細やかな愛情表現を明らかにし、家臣への心配りや婚家との架け橋など、書状から見えてくる毛利家の家族観に迫る。

二四〇頁／一七〇〇円

493
大地の古代史
土地の生命力を信じた人びと
三谷芳幸著

古代の人びとは、大地とどのように関わっていたのか。地方と都の人たちの大地をめぐる豊かな営みや、土地へのユニークな信仰を追究。「未開」と「文明」の葛藤をたどり、日本人の宗教的心性のひとつの根源を探り出す。

二二〇頁／一七〇〇円

494
鎌倉浄土教の先駆者 法然
中井真孝著

ひたすら念仏を唱えれば往生できると、庶民救済の道を開いた法然。近年発見された法語集や著作『選択本願念仏集』から生涯を辿り、思想と教えの特徴を読み解く。鎌倉時代の仏教に多大な影響を与えた等身大の姿に迫る。

二二四頁／一七〇〇円

495
敗者たちの中世争乱
年号から読み解く
関　幸彦著

武士が台頭しその力が確立するなか、多くの政変や合戦が起きた。鎌倉幕府成立時の「治承・寿永の内乱」から戦国時代の幕開け「享徳の乱」まで、年号を介した十五の事件を年代記風に辿り、敗れた者への視点から描く。

二五六頁／一八〇〇円

496
松岡洋右と日米開戦
大衆政治家の功と罪
服部　聡著

日米開戦の原因をつくった外交官として、厳しく評価されている松岡洋右。しかし、現実の彼は日米戦争回避を図って行動していた。その狙いはなぜ破綻してしまったのか。複雑な内外の政治状況を繙き、人物像を再評価。

二四〇頁／一七〇〇円

継体天皇と即位の謎〈新装版〉

大橋信弥著

四六判・二三二頁／二四〇〇円

継体天皇は応神天皇五世孫なのか、王統とはつながらない地方豪族だったのか。出自をめぐる問題、擁立勢力と即位の事情などを、今城塚古墳の発掘成果や息長氏との関わりを交え解明。謎に包まれた実像を探った名著を復刊。

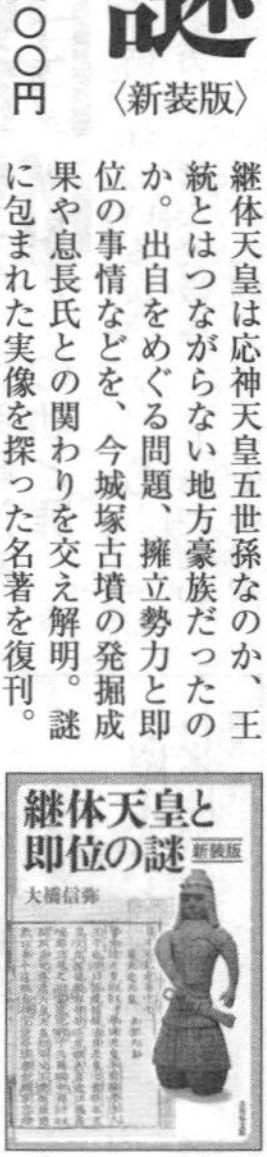

中国古代の神がみ〈新装版〉

林 巳奈夫著

四六判・二八〇頁／三二〇〇円

中国古代、豊作の源として太陽が最も崇敬された。天の四方神、青い龍・赤い鳥・白い虎は星座に起源する。北極星は「帝」即ち殷周青銅器の獣面紋として崇められた。豊富な図版を交え知られざる神がみの世界に迫った名著。

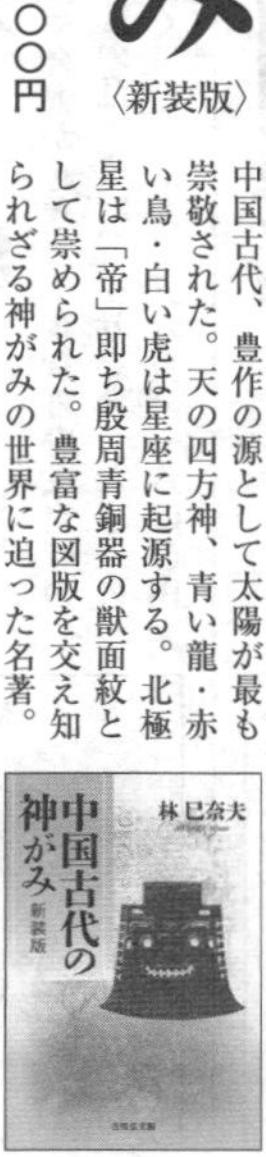

水洗トイレは古代にもあった〈新装版〉

—トイレ考古学入門—

黒崎 直著

A5判・二六八頁／一九〇〇円

古来、人々はどうウンチを処理していたのか。発掘成果と文献・絵画をもとに、縄文から戦国まで各時代のトイレ事情を解明。なおざりにされてきた日本の排泄の歴史を科学する「トイレの考古学」。注目作を新装復刊！

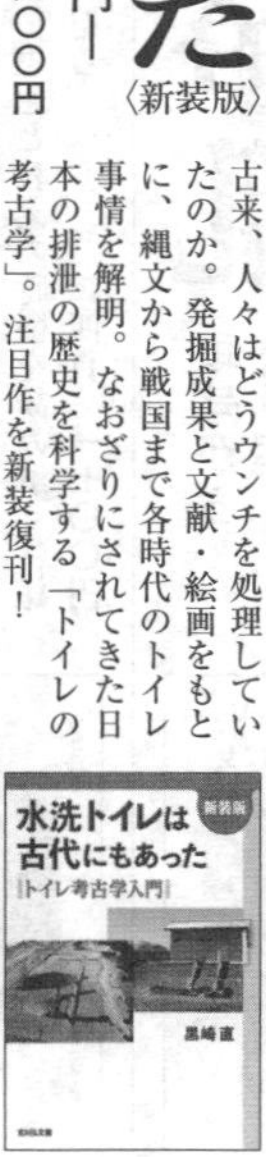

王朝貴族の病状診断〈新装版〉

服部敏良著

四六判・二七二頁／一九〇〇円

平安時代の文学・日記に記されている病気を詳細に解説。さらに、冷泉・花山・三条などの天皇、藤原道長・実資など多くの公卿の病状を現代医学にあてはめて的確に診断する。王朝貴族の実生活を解明した比類なき名著。

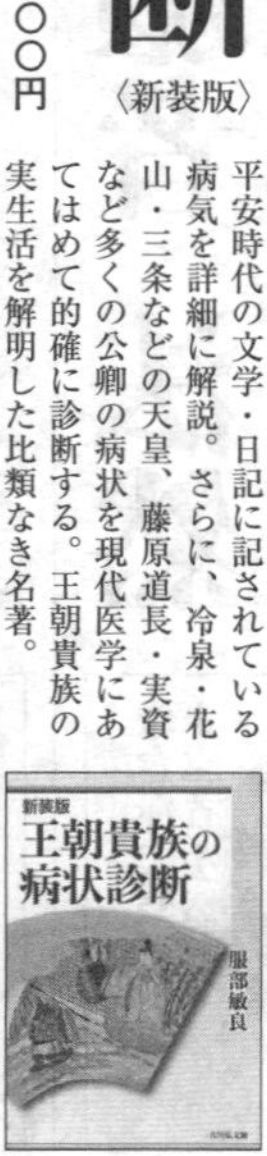

史伝 後鳥羽院〈新装版〉

目崎徳衛著

四六判・二七二頁／二六〇〇円

異例の幸運によって帝位につき、天衣無縫の活動をしながら、一転して絶海の孤島に生を閉じた後鳥羽院の生涯を描き出す。和歌の才能など多芸多能な側面にもふれ、その生き生きとした人間像に迫った名著を新装復刊。

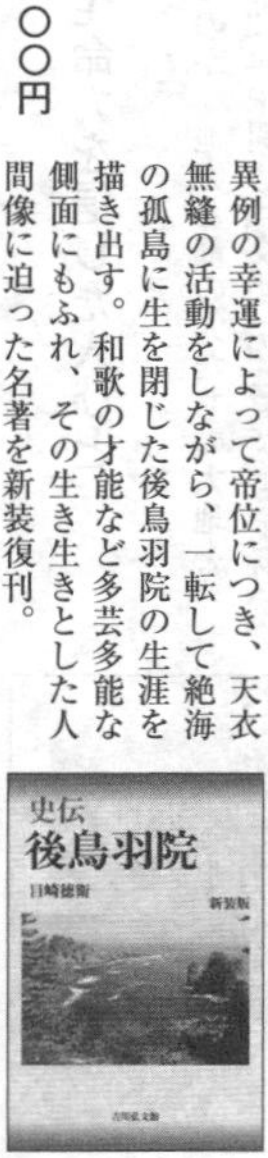

戦国のコミュニケーション ―情報と通信―〈新装版〉

山田邦明著

四六判・二九六頁／二三〇〇円

「一刻も早く援軍を…」。戦国大名たちはいかにして遠隔地まで自らの意思や情報を伝えたのか。口上を託された使者、密書をしのばせた飛脚たちが、命をかけて戦乱の世を駆け抜ける。中世情報論を構築した名著を新装復刊。

中世のうわさ ―情報伝達のしくみ―〈新装版〉

酒井紀美著

四六判・二四八頁／二六〇〇円

新聞やテレビ、インターネットなどなかった中世社会、「うわさ」は重要な情報伝達手段だった。殺人事件や悪党蜂起、事実無根の流言…。広く飛び交った「うわさ」を丁寧に分析。新たな中世情報論に挑んだ意欲作を復刊。

暮らしの中の古文書〈新装版〉

浅井潤子編

A5判・一九二頁／一九〇〇円

出生・学問・奉公・成人・結婚…。江戸時代後期に生きた人々が暮らしの中で綴った古文書を読み解き、その実際の姿と社会状況を描く。収載した古文書は写真とともに翻刻し、平易に解説。初めて古文書を学ぶ人に最適。

アイヌ語の世界〈新装普及版〉

田村すゞ子著

A5判・二八八頁／三五〇〇円

日本の言語の一つとして広く知られながら、具体的な内容はよく知られていないアイヌ語。その文法・系統・口承文学をわかりやすく解説。金田一京助らアイヌ語研究者の思い出も収める。不朽の名著を装い新たに復刊。

戦争に隠された「震度7」―1944東南海地震・1945三河地震―〈新装版〉

木村玲欧著

A5判・二一六頁／二〇〇〇円

太平洋戦争末期、東海地方を襲った二つの巨大地震。戦時報道管制下、地元紙＝中部日本新聞は何をいかに伝え、役割を果たしたのか。被災者の体験談を紹介し、防災教育の促進と意識向上を呼びかける。注目作を新装復刊。

文字は何を語るのか？ 今に生きつづける列島の古代文化

新しい古代史へ 全3巻 完結！

『内容案内』送呈

平川 南著

各二五〇〇円

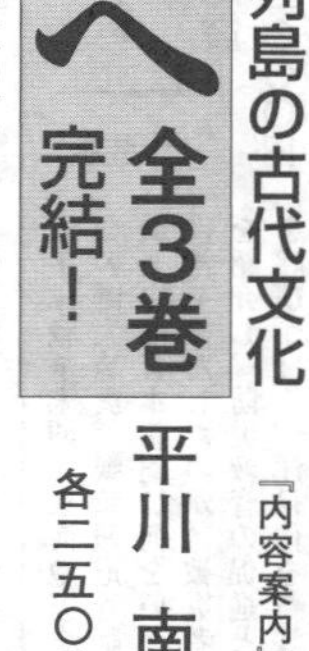

A5判・平均二五〇頁・オールカラー

1 地域に生きる人びと 甲斐国と古代国家

2 文字文化のひろがり 東国・甲斐からよむ

3 交通・情報となりわい 甲斐がつないだ道と馬

列島各地に網羅された水陸の道。要所に置かれた駅や津は、人びとや物資が行き交う交通の拠点であった。物資運搬や軍事に重要な役割を果たした馬や自然環境と生業を通して、多民族・多文化共生の豊かな古代社会を描く。

二二二頁〈最終回配本〉

読みなおす日本史

毎月1冊ずつ刊行中　四六判

武蔵の武士団 その成立と故地を探る

安田元久著　（解説＝伊藤一美）一九二頁／二二〇〇円

源頼朝による武家政権創設の鍵となったのが、武蔵武士の動向だった。彼らの支持を得て幕府の拠点を鎌倉に据え、その主力が平家を滅亡させた。畠山重忠、熊谷直実ら代表的な武士の実像を解明し、鎌倉幕府の原風景を探る。

天皇家と源氏 臣籍降下の皇族たち

奥富敬之著　（解説＝新井孝重）二二四頁／二二〇〇円

日本を代表する四姓（源平藤橘）のうち、天皇家を出自とする源氏。武家政権を創始した清和源氏をはじめ、二一流の系譜と発展の跡を詳細に解説。同じ天皇家から出た平氏四流についても触れる。氏族や系図研究に必読。

信長と家康の軍事同盟 利害と戦略の二十一年

谷口克広著　（補論＝谷口克広）二五六頁／二二〇〇円

戦国群雄にとって、裏切りや謀反は当たり前で、信義関係など成り立たない時代。織田信長と徳川家康の同盟は、本能寺の変まで二十一年続いた。同盟が維持された理由と実体を解き明かし、天下統一につながる動きに迫る。

軍需物資から見た戦国合戦

盛本昌広著　（補論＝盛本昌広）二一六頁／二二〇〇円

合戦は兵士や人夫など人的資源の他に、城や柵を作る木材、矢や槍の材料の竹など、物的資源も必要となる。戦国大名はそれらをいかに調達し、かつ森林資源の再生を試みたのか。エコにも通じる行動から合戦の一側面を探る。

縄文時代の植物利用と家屋害虫 圧痕法のイノベーション

小畑弘己著　B5判・二七〇頁／八〇〇〇円

縄文土器作成時に混入されたタネやムシの痕跡を、X線を用いて検出する新たな研究手法を提唱。発見された資料をもとに植物栽培や害虫発生のプロセスを読み解き、縄文人の暮らしや植物・昆虫に対する意識を探り出す。

日本古代の交易と社会

宮川麻紀著　A5判・二九六頁／九五〇〇円

律令国家は都城を支える流通経済の仕組みをいかにして作り上げたのか。東西市と地方の市に注目し、管理方針の違いを考察。また交易価格の検討から地方経済の実態を究明する。「実物貢納経済」の実像に迫った注目の書。

古代の漏刻と時刻制度 東アジアと日本

木下正史著　A5判・四〇八頁／一一〇〇〇円

古代ではいかにして時を計っていたのか。『日本書紀』にみえる漏刻跡である飛鳥水落遺跡を検証し、日本・東アジアの漏刻・時刻制度を論究。飛鳥の歴史や宮都の解明に大きな意義を持つ、日本古代の時刻制度の基礎的研究。

室町・戦国期の土倉と酒屋

酒匂由紀子著　A5判・二八〇頁／八五〇〇円

従来、京都「町衆」の代表的存在で、金融業を専らとする商人と位置づけられてきた土倉・酒屋。『蜷川家文書』『八瀬童子会文書』などを読み解き、新たな「土倉・酒屋」像を提起。室町・戦国期の京都の社会構造を再検討する。

中世仏教絵画の図像誌 経説絵巻・六道絵・九相図

山本聡美著　A5判・四八八頁・原色口絵一六頁／八五〇〇円

中世日本では、漢訳仏典を淵源とする図像が世俗の文学や伝承とも結びついて多義的な意味と霊性を獲得した。地獄・鬼・病・六道輪廻・死体など、仏教的罪業観に基づく図像を取り上げ、各々の成立と受容の歴史に迫る。

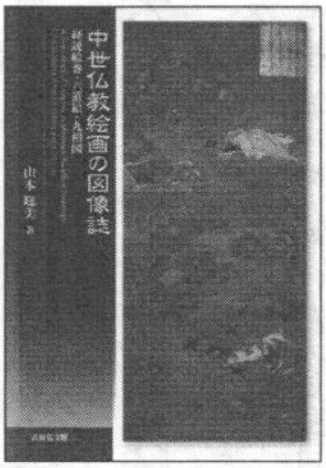

中世やまと絵史論

髙岸　輝著　A5判・四二八頁・原色口絵一六頁／一〇〇〇〇円

やまと絵は中世絵画の基盤であり、社会を映し出す鏡であった。絵巻・肖像画・仏画・障屏画など多岐にわたる作例を分析し、視覚による世界把握の変化を探るとともに、絵師や流派による表現の展開を追った注目の書。

戦国末期の足利将軍権力

水野　嶺著　A5判・二八〇頁／九〇〇〇円

従来、看過されがちであった足利義輝・義昭ら戦国期の将軍や幕府。近年多くの論考が発表され深化した研究成果を整理し、義昭と信長の関係を再検討。足利将軍の視点から、戦国・織豊期における将軍権力の実態に迫る。

近代皇室の社会史 側室・育児・恋愛

森　暢平著

伝統的な婚姻・子育てを残していた皇室が、なぜ「近代家族」化したのか。一夫一婦制、「御手許」養育、恋愛結婚などの実態を検討。大衆化する社会情勢、メディア報道と連関させ、時代に順応していく皇室に迫る新たな試み。

Ａ５判・三九〇頁／九〇〇〇円

文化遺産と〈復元学〉 遺跡・建築・庭園 復元の理論と実践

海野　聡編

失われた歴史遺産を再生する復元はいかに行われるのか。古代から現代における国内外の遺跡や建物、庭園、美術品の復元を検討。文化財・文化遺産の保存・活用が求められるなか、復元の目的や実情、課題に迫る意欲作。

Ａ５判・三四四頁／四八〇〇円

芦田均と日本外交 連盟外交から日米同盟へ

矢嶋　光著

戦後、吉田茂の軽武装論に対立し、再軍備論を唱えた芦田均。外交官時代の経験から得た国際政治観と敗戦までの変化など、政治的足跡から彼の再軍備論を内在的に分析。戦後日本の外交路線の形成と対立の諸相を考察する。

Ａ５判・三三四頁／九〇〇〇円

大学アーカイブズの成立と展開 公文書管理と国立大学

加藤　諭著

教育・研究機関として発展してきた大学には、運営などに関する多くの資料が存在し、日本の文書管理制度の一翼を担ってきた。各国立大学の事例を挙げて、日本における大学アーカイブズの真の意義や可能性を解明する。

Ａ５判・四二四頁／一一五〇〇円

豊臣秀吉文書集 第六巻 文禄二年～文禄三年

名古屋市博物館編

朝鮮渡海を前に秀吉は、戦況の停滞を脱すべく在陣諸将を督励していた。明との和平交渉が進む一方、国内では秀頼誕生、大仏殿上棟、伏見城普請など、新たな展開を見せる。軍勢の一部帰国を命ずるまで、七二六点を収録。

Ａ５判・二七六頁／八〇〇〇円

永青文庫叢書 細川家文書 島原・天草一揆編

熊本大学永青文庫研究センター編

（第Ⅱ期第２回）

Ａ４判・三四〇頁・原色別刷図版一六頁／二三〇〇〇円

熊本藩は島原・天草一揆に最前線で対応した。蜂起の様子や、対する大名同士の連携、城攻めに向けた人員動員と物資調達、戦後処理、地域復興などがわかる細川家関連史料を、未公開のものも含めて収録した待望の史料集。

松尾大社史料集 記録篇四

松尾大社史料集編修委員会編

Ａ５判・七一二頁／二〇〇〇〇円

●近刊

※書名は仮題のものもあります。

卑弥呼の時代（読みなおす日本史）
吉田 晶著
四六判／二二〇〇円

テーマでよむ日本古代史 政治・外交編 社会・史料編
佐藤 信監修・新古代史の会編
A5判／価格は未定

清和天皇（人物叢書304）
神谷正昌著
四六判／二〇〇〇円

現代語訳 小右記 ⑩大臣闕員騒動
倉本一宏編
四六判／価格は未定

中世の富と権力 寄進する人びと（歴史文化ライブラリー497）
湯浅治久著
四六判／一七〇〇円

東国の中世石塔
磯部淳一著
B5判／価格は未定

肥前名護屋城の研究 中近世移行期の築城技法
宮武正登著
B5判／一二〇〇〇円

永青文庫にみる細川家の歴史
公益財団法人永青文庫編
四六判／価格は未定

鶴屋南北（人物叢書305）
古井戸秀夫著
四六判／価格は未定

石に刻まれた江戸時代 無縁・遊女・北前船（歴史文化ライブラリー498）
関根達人著
四六判／一八〇〇円

近世最上川水運と西廻航路 幕藩領における廻米輸送の研究
横山昭男著
A5判／価格は未定

首都改造 東京の再開発と都市政治（歴史文化ライブラリー500）
源川真希著
四六判／価格は未定

皇紀・万博・オリンピック 皇室ブランドと経済発展（読みなおす日本史）
古川隆久著
四六判／価格は未定

戦国史研究 第79号
戦国史研究会編
A5判／価格は未定

大好評のロングセラー発売中！

日本史年表・地図
児玉幸多編
B5判・一三八頁／一三〇〇円

世界史年表・地図
亀井高孝・三上次男・林 健太郎・堀米庸三編
B5判 二〇六頁 一四〇〇円

日本人は、何を、何のために、どのように食べてきたか？

日本の食文化 全6巻

小川直之・関沢まゆみ・藤井弘章・石垣　悟編

食材、調理法、食事の作法や歳事・儀礼など多彩な視点から、これまでの、そしてこれからの日本の〝食〟を考える。『内容案内』送呈

四六判・平均二五六頁／各二七〇〇円

1 食事と作法　小川直之編

人間関係や社会のあり方と密接に結びついた「食」を探る。

2 米と餅　関沢まゆみ編

腹を満たすかて飯とハレの日のご馳走。特別な力をもつ米の食に迫る。

3 麦・雑穀と芋　小川直之編

乾燥に発酵、保存の知恵が生んだ食。「日本の味」の成り立ちとは。

4 魚と肉　藤井弘章編

沿海と内陸での違い、滋養食や供物。魚食・肉食の千差万別を知る。

5 酒と調味料、保存食　石垣　悟編

乾燥に発酵、保存の知恵が生んだ食。「日本の味」の成り立ちとは。

6 菓子と果物　関沢まゆみ編

味覚を喜ばせる魅力的な嗜好品であった甘味の歴史と文化。

「令和」を迎え「平成」を網羅した十四年ぶりの増補新版！

日本史総合年表 第三版

加藤友康・瀬野精一郎・鳥海　靖・丸山雍成編　一八〇〇〇円

旧石器時代から令和改元二〇一九年五月一日に至るまで、政治・経済・社会・文化にわたる四万一〇〇〇項目を収録する。便利な日本史備要と詳細な索引を付した画期的編集。国史大辞典別巻

四六倍判・一二九二頁

定評ある日本史年表の決定版

事典日本の年号

小倉慈司著　四六判・四五四頁／二六〇〇円

大化から令和まで、二四八の年号を確かな史料に基づき平易に紹介。年号ごとに在位した天皇、改元理由などを明記し、年号字の典拠やその訓みを解説する。地震史・環境史などの成果も取り込んだ画期的〈年号〉事典。

令和新修 歴代天皇・年号事典

米田雄介編　四六判・四六四頁／一九〇〇円

令和改元に伴い待望の増補新修。神武天皇から今上天皇までを網羅し、略歴・事跡、各天皇の在位中に制定された年号等を収める。皇室典範特例法による退位と即位を巻頭総論に加え、天皇・皇室の関連法令など付録も充実。

言」することを決定した上、奈良県に「皇紀二六〇〇年記念祭典協賛会」の速やかな組織を求める決議を行なった（『皇国時報』一〇月一一日）。注目すべきは東京市の事例を聴取している点で、改めて奈良県側の動きが東京の動きの影響を強く受けていることがわかる。

そしてこの動きの直後の一〇月末、内務省は橿原神宮の拡張整備について、五年間に予算八〇万円で着手する意向を固めたことが報じられた（「日本産業協会日記」に添付の『電気日報』一一月三〇日）。これは、奈良県側の運動が功を奏した結果といえる。なお、同じ記事で、内務、文部、陸軍、海軍の各省が、「非常時乗切り」策の一つとして、一九四〇年に学生、軍人を多数動員した紀元二六〇〇年奉祝の「一大国民祭」の挙行を計画していると報じられたことは、先の橿原神宮の建議提出問題にみられた内務官僚の一部の意向が、愛国心をもった国民を作ることが使命の一つであった文部省、そうした国民が自分たちにとって必要であった軍の賛成を得て、具体化しはじめたことを示している。

結局次の通常議会となった第六七議会に提出された一九三五年度の内務省予算の中に整備拡張事業の初年度分として五万円の予算が計上され、可決され、実行されることになる。しかし、奈良県側はさらに先の協議会の決定内容や畝傍町の構想の実現を求めて、同じ議会の衆議院に(1)「橿原神宮神苑において紀元二六〇〇年祭挙行に関する建議」（「紀元二六〇〇年祭挙行」を求めた）、(2)「橿原神宮崇《すう》祀《し》に関する建議」（橿原神宮を政府がより援助することを求めた）、(3)「国道第一五号路線改修速進〔ママ〕ならびに奈良大阪間県道国道編入に関する建議」を提出し、一九三五年二月二一日に建議委員会で、三月一五日に本会議で可決された。

このうち、注目すべきは三つ目の建議である。これは国道一五号線（京都から奈良を経由し、畝傍を通って和歌山に抜ける道路）について、「昭和一五年橿原神宮神苑における紀元二六〇〇年大式典挙行までに完成すべき第一五号路線改修のごときは国家的大使命を有するはもちろん、産業の振興ならびに観光上資するところはなはだ大」と改修の速成を主張したもので、明らかに前出の参宮自動車道構想の線上にある主張である。そして福井甚三（提案者の一人、奈良県選出）は、建議委員会の趣旨説明において、「殊に今日は産業上、また観光のやかましい時代でありまして、日本といたしましてはどうしても外国の遊覧客の金を取るということが先決問題でありまするから、そういう観光上から申しましても、この一五号線は重要」と、観光産業振興に必要な道路としての性格を強調している。ただし、これに対して政府は一九四〇年までの完成を確約するには至らなかった。

要するに、橿原神宮の紀元二六〇〇年記念事業は、地元の経済発展への期待と結びついて初めて広い支持を得て具体化への歩みをはじめ、これに国家的意義を付与する場合にも、国民統合よりは、外貨獲得という経済問題が重視されたのである。

5　紀元二六〇〇年奉祝記念事業の国家プロジェクト化

さて、こうした奈良県での動きを活性化させた万博開催運動のその後だが、一九三三年五月八日の東京市会で万博協会設立助成金交付が可決されたため、万博協議会は六月六日付で再び商工大臣に万博協会の社団法人としての設立認可申請を行なう一方、七月一三日には代表が斎藤首相に万博実現を陳情した（「皇紀二千六百年紀念万国博覧会関係書類」）。また前章でふれた、永山定富『内外博覧会総説』がこのころ刊行されているが、その副題に「ならびにわが国における万国博覧会の問題」とあることからもわかるように万博開催運動ＰＲが出版の目的であった。同書で、大博が国民の要望によって具体化したとしていたのも、あるいは万博に国民の協力を求めることの正当化のための作為であったのかもしれない。

さらに一二月一四日には東京府会が万博開催を求める意見書を、翌一九三四年三月には東京市会が再び万博実施を求める建議を可決し、衆議院でもこれを支持する建議が三月一七日の本会議で可決されたが、商工省側は資金調達に不安があるので時期尚早と答弁し、社団法人認可についても、「立案当時と今日ではすでに各般の国際情勢が著しく変化し」「なんら基金計画確立せず」という理由から「時期尚早」として申請を却下した（『電気日報』八月一〇日）。つまり、地域レベルでは合意が形成されたが、政府は計画案の実現性に問題があるとして消極的態度をとっていたのである。

しかし万博協議会は商工省の社団法人認可を待ちきれず、一九三四年五月三一日に任意団体という形で万博協会を設立し（役員には山脇春樹もいる）、一九三五年二月一一日（紀元節）には同協会が詳細な万博計画案を公表し、牛塚虎太郎東京市長（万博協会会長）がラジオ（当時はＮＨＫのみ）で全国に放送した。その概要は、会期が一九四〇年三月から八月まで、主会場は東京の月島埋立地、第二会場は横浜市の埋立地とし、主会場には建国記念館を含む二四の展示館が予定されていた。

一方阪谷も、政財界の有力者に万博の話をしたり、本章の3で言及した二つの印刷物を配布するなど自分の案の実現に向けて運動を行なっており、一九三三年五月一一日には斎藤首相と会談し、印刷物も渡し、前向きの返答を得ている（「家庭日記」「日本産業協会日記」）ほか、前出の一九三四年の貴族院での橿原神宮の建議の際、賛成討論と称して再度自分の主張の実現を政府に求めている。

そして再び一九四〇年の開催に向けての政府の取り組みを求める建議が提出され、一九三五年二月二八日に建議委員会で、三月一五日に本会議で可決された。これは同名のふたつの案（趣旨説明の内容からみて万博協会案と阪谷案）が委員会で一本化されたもので、今回は政府側は「大体において結構なこと」と前向きの反応を示した。

一方オリンピックについては、最大のライバルと目されたイタリアへの説得工作が外交ルートやＩＯＣを通じて行なわれた結果、一九三五年二月九日に至り、イタリア首相ムッソリーニが杉村陽太郎駐伊大使に対し、第一二回大会への立候補を辞退し、日本に譲る旨を言明したため、東京開催の実現性は一気に高まった。

そこで、二月二三日の衆議院本会議に続き、二月二五日の貴族院本会議でもこれを支援する旨の建議が可決されたが、その際、阪谷が再び持論の構想の実施を政府に求めた。その中で阪谷は、「大々的に日本になにか祝典でもあるならば」年間三万五〇〇〇人の外人観光客が一〇万人になるという国際観光局の予測を根拠に、「この人が一人について五〇〇〇円ずつ日本で消費すると仮にしたならば、五〇〇〇万円の金は日本に落つるわけでありますから、国際の為替のバランスの上においてもなんら心配することはなく」と外貨獲得効果を具体的数字をあげて指摘し、資金調達方法について、「入場券の売却の方法の上に政府が特典を与えるならばわけなくこれはできる」と、暗にくじ付前売入場券構想を主張し、オリンピックの費用もこれで賄えるので、「現在のごとき窮乏したる国庫」の負担によらずに「盛大なる祝典をあげることができ」ると述べている。

これに対し岡田啓介首相は、「もう大分時期も迫ってまいりましたので、追っては委員をこしらえて統一あり意義ある方法を考えたい」、つまり委員会を作って検討に入ると答弁した。すなわち、万博や橿原神宮整備拡張構想が具体性を増したところで、直接的にはオリンピック東京招致の実現性が一挙に高まったことを原因として、政府は体系的な政策としての紀元二六〇〇年奉祝記念事業の実現に一歩を踏み出すことを表明したのであるが、政府が乗り出す背景には、万博や奈良県の動きのみならず、4でみた政府部内の、紀元二六〇〇年への国民教化策としての着目も忘れることはできない。

なお、二月一八日の貴族院本会議での菊池武夫の演説が発端となって天皇機関説問題が発生するが、二月二五日はまだ問題発生の直後で政府は機関説を否定するには至っておらず、天皇機関説問題が紀元二六〇〇年奉祝記念事業に関するこの時点での政府の判断に影響を与えた可能性はありえない。

むしろここで注目すべきは、オリンピック東京招致実現の可能性の高まりを契機に社会資本整備や外貨獲得のための外客誘致策が取り沙汰されたことである。たとえば『東朝』で目についたケースでは、東京市が、万博会場に隣接した埋立地を会場に予定し、大競技場や競技場内のホテルを建設し、大会後も活用する構想を打ち出したし、国際観光局もオリンピックを契機とした外客誘致策として、主要観光地のホテルの整備、新設、自動車道路や観光ルートの整備などを検討しはじめた。しかも同局は、こうした動きにとどまらず、観光事業の産業化という主張を前面に出しはじめた。すなわち、この年の四月下旬、国際観光局は設置五周年記念行事として東京や主要観光地で観光祭を実施したが、その際のスローガンは「観光即産業」となっていた。そして、こうした新聞の報道ぶりが、国民が紀元二六〇〇年に何を期待していたかを浮き彫りにしていることは明らかである。

ただし、ここで大きな役割を果たしたオリンピックであるが、イタリア内部の意志不統一のためオスロでのＩＯＣ総会が紛糾し、結局三月一日、第一二回大会の開催地決定は翌年の総会に持ち越されてしまった。これに対し、東京市、大日本体育会は依然東京開催は有望とみて政府の援助を求めつつ招致運動を続け、同年一二月一八日には東京市、大日本体育会が第一二回オリンピック大会東京招致委員会を結成するに至った。

一方、奈良県関係では依然活発な動きがみられた。まず県に、県知事を会長とし、県内有力者によって構成される皇紀二六〇〇年記念事業準備委員会が設置されて四月二六日に第一回の会合を開き、一二月一八日の第二回委員会で具体的な事業計画作成のため三つの特別委員会を設置すること、記念事業促進運動と記念事業実行を目的とした皇紀二六〇〇年記念事業期成同盟会を民間組織として組織することを決定し、期成同盟会は一九日に結成された。また、畝傍町では五月一六日に建国畝傍顕揚会の組織準備会を開いた。会合には小松茂作町長、福井甚三代議士、町内の各種団体長、橿原神宮と畝傍御陵(神武天皇陵)の代表が参加し、会の目的を「橿原神宮および神武天皇御陵」の「奉賛」、「大和畝傍を中心」とする「建国精神の顕現と建国史蹟の宣揚」とし、事業として「橿原神宮奉賛」「皇陵奉拝、御墳墓塞斎」「建国精神研究機関創設」「観光遊覧的設備」「建国史蹟巡拝、畝傍観光地案内」を決定したが、奉賛会組織については政府や県の動向をみてからとして留保された。五事業のうち二つが観光事業関係であることは、地元の主な期待が経済効果であることを示すものにほかならない。その他、県の公園課が組織した大和観光地連合会(県内各地の観光協会の連合体)は、結成直後の二月ごろから紀元二六〇〇年奉祝への対応策を検討していたが、八月中旬、全国主要都市で建国史蹟講演会を開催することを決定し、一一月九日に大阪で大阪朝日新聞社の後援を得て第一回が開かれ、県が委嘱した学者による講演が行なわれた(『大朝』奈良版)。

さらに大和観光地連合会の陳情が契機となって、一一月に県の一九三六年度予算の中にはじめて観光費が計上された。その額は予算総額約四二四万円中三〇〇〇円と少額であったが、費目が新設されたこと自体に奈良県が観光事業を重視しはじめたことがうかがえる。ちなみに、この予算案が一二月一四日の県議会で可決された際、赤堀四郎議員から出された増額動議（三〇〇〇円を五〇〇〇円に増額、否決）の趣旨説明の中には「観光地として本県民の生活向上のために本事業は適切なもの」という発言があり、産業としての観光事業への県内の期待がうかがえる（『奈良新聞』）。

こうしたなかで一〇月一日、岡田首相の言明にもとづいて、内閣に紀元二六〇〇年祝典準備委員会（以下、準備委）が設置される。そこで次に準備委設置以後の動向をみていこう。

6　六大事業の決定

まず、奉祝記念事業の内容が決定するまでの政府の審議機関の審議経過からみていこう（以下、審議経過、関係法令、人事は、『祝典記録』「紀元二千六百年祝典準備委員会書類」「紀元二千六百年祝典評議委員会書類」）。準備委は、官制によらない、いわば首相の私的諮問機関という形で、「紀元二六〇〇年の祝典その他奉祝事業の準備連絡に関する事項を調査審議」することを目的として一九三五年一〇月一日に設置された。会長は首相、委員には内閣書記官長、法制局長官、各省次官、東京府、神奈川県、奈良県の知事、東京市と横浜市の市長、貴衆両院議員、財界人、歴史学者、大日本体育会関係者、東京市長経験者、官僚ＯＢ（内務省、商工省など）、阪谷を含む三六人が委員に、関係官が幹事に任命された。

準備委は同月一四日に第一回総会を開いたが、その際阪谷は自説を主張する理由を次のように述べている。第一は事業経費の捻出で、政府は財政困難であり、寄付だけに頼っては寄付者から不満が出る恐れがあるので、「挙国一致心持好く御祝ができる」方法として、万博を開き、その入場券を宝くじ付で前売することによって事業全体の資金調達をはかれると主張した。第二は国威の発揚で、万博の開催によって世界各地から人々を日本に「招き寄せること」ができるので、神武天皇の詔にある「八紘《はっこう》を掩《おお》いて宇《う》となすこと」（八紘一宇）を実現できるし、第二帝政期のフランスが国威発揚のためパリで二度の万博（一八五五年と一八六七年）を行なったことを例に引いて、「今度二六〇〇年の祝典を機会に第一等国の地位に」立てると説いた。国際政治の面で一等国となっていたのは自明であるから、これは経済的にも先進国並みとなることを意味していることはまちがいない。第三は経済的利益で、外客誘致と輸出販路拡大、産業奨励をもたらすと説いた。すなわち、阪谷は日本が真に一等国としての地位を得るためには祝典、なかでも万博の盛大な開催とその成功が必要であり、それは神武天皇の遺志にも合致するし、そのためには射幸心を利用する宝くじ付入場券の前売も構わないと説いたのである。そしてここでは、皇室ブランドが経済発展のシンボルとしてはっきりと機能している。

なお、ここでいわゆる「八紘一宇」という言葉が出てきた。これは現在、昭和戦時期の日本の侵略スローガン、つまり、日本が世界を支配するという意味の言葉として知られているが、満州事変時の彼の行動から考えても阪谷がそうした意味で使っていないことは明らかで、少なくとも、日本が直接世界を支配するという意味ではなく、日本の威光で世界の平和が保たれること、言い換えれば、近年までのアメリカやソ連と同様の役割を当時の日本に期待するというぐらいの意味であろう。

さて、盛大な万博が神武天皇の意にかなうとする考え方は阪谷一人の特殊なものではない。万博協会の機関誌『万博』三号（一九三六年七月）掲載の根津嘉一郎「富籤も考えよ」は、「万博を機会に将来へかけて貿易外収入を激増させることになるとすれば、国富増進の大きな一助になる」とした上で、万博を経費一億円の大規模なものにすべきとし、その資金調達方法について「富籤でも一向差し支えない」、つまり宝くじを使っても構わないとし、「もし富籤が射幸心、投機心を煽るからいかんというのであれば、群小博覧会における五〇銭の入場券に対する自動車一等というごとき福引、勧業債券の当り籤、あるいは〔株式〕取引所はどうなる」と述べ、結論として、「資本は一億、手段は割増金付前売券か富籤、しかして内容整備せる万国博覧会を開催すれば、モトデ要らずに外客を誘致し」「精神と科学と両界にわたっていかに日本人が代表的人類であるかを列国環視の前に展覧することができ、真の国交親善に役立つばかりでなく」「神武天皇の大御心に応え奉る最良の道であると思う」と述べている。文中の勧業債券とは日本勧業銀行が発行する割増金付債券で、平時では唯一富籤行為の特例として認められていたケースである。

根津は、東武鉄道を大手私鉄に成長させただけでなく、一代で根津コンツェルンを築きあげた人物で、立場上観光産業の発展を利益とする人物ではあるが、射幸心を利用してでも万博を盛大にすることが神武天皇の遺志に沿うとしている点で、阪谷の考え方が必ずしも特殊ではないことを示しているのである。ただし、こうした考え方には批判が存在した。そのことは準備委の審議過程であらわれてくることになる。

以後準備委は、一九三五年一二月一九日に第二回総会を開いて阪谷を委員長とする特別委員会を設置、特別委員会では各委員の意見をもとに作成された幹事案と阪谷案、それに準備委や政府に寄せられた意見書、建議、請願などを題材として三回にわたって会議を開いて「紀元二六〇〇年祭典祝典その他奉祝記念事業準備要綱」（以下「準備要綱」）と「日本万国博覧会の開催に関する件」の二案を作成した。これらは一九三六年二月一三日の第三回総会で承認され、翌日首相に報告された。

このうち、「準備要綱」の内容は、実施する祭典（神社の儀式）、祝典として、宮中、伊勢神宮、官国幣社以下の神社の「祭典」、「肇国（建国）創業に特殊関係ある神社の臨時の祭典」「大観兵式、大観艦式」「国民的祝典」を、記念事業として「橿原神宮の神域拡張」「日本万国博覧会の開催」「その他」を掲げ、次に最後の記念事業施行のために財団法人紀元二六〇〇年奉祝会の設立、祝典や記念事業統括のため総理大臣の管理下に紀元二六〇〇年祝典事務局の設置が主張されていた。「日本万国博覧会の開催に関する件」は、奉祝記念事業として東京市で万博を開催するとし、主催者については東京市と日本万国博覧会協会の二案を並記し、国や地元の地方自治体が補助金を交付することを求め、宝くじ付前売入場券（史料では「割増金付前売入場券」なので以下これを用いる）を「財源確保の必要上」発行すること、となっていた。すなわち、準備委として具体的な計画を示したのは万博のみであり、万博の実施が最優先課題とされたことがわかる。当然これは阪谷の意向が反映した結果であるが、その直接の原因は、なるべく国庫の負担を減らしたいという財政当局（大蔵省）の意向であった。逆に言えば、大蔵省出身の阪谷は、こうした大蔵省の意向を予測してこうした案を主張していたのであろう。

以後、二・二六事件後も準備は続き、一九三六年七月一日に紀元二六〇〇年祝典事務局（以下、祝典事務局）と紀元二六〇〇年祝典評議委員会（現在の審議会に相当。以下、評議委）が内閣に設置され、準備委は廃止された。いずれも官制の公布によって正式の政府機関として設置されたので、政府が紀元二六〇〇年奉祝を実施することが確定したといえる。

このうち、評議委は首相の諮問に応じて祝典や記念事業に関する重要事項を審議することを目的とし、委員には準備委の委員の大部分が横滑りし、委員長には阪谷が就任した。これまでの経緯からみて当然の人事であろう。準備委同様幹事も置かれた。

評議委は一九四〇年末まで存続するが、本章が対象とする時期の活動についてのみみておくと、七月一六日の第一回総会で奉祝記念事業選定のため松平頼寿（貴族院副議長）を委員長とする第一特別委員会が設置され、「紀元二六〇〇年奉祝記念事業に関する件」と奉祝会の組織を規定した「財団法人紀元二六〇〇年奉祝会に関する件」を作成し、一一月九日の第二回総会で議決され、総理大臣に報告された。このうち前者は国家で行なう奉祝記念事業として採用する事業を決定したという点で重要である。

その内容は、「第一」として、「橿原神宮境域ならびに畝傍山東北陵〔神武天皇陵のこと〕参道の拡張整備」「神武天皇聖蹟〔主に東征時の足跡のこと〕の調査保存顕彰」「御陵〔代々の天皇の陵墓〕参拝道路の改良」「日本万国博覧会の開催」「国史館の建設」「日本文化大観の編纂出版」を「奉祝記念事業」と定め、「第二」では、「第一」で規定した事業のうち、万博以外は紀元二六〇〇年奉祝会が「直接または国、公共団体〔道府県のこと〕もしくは私設団体に委託して」実施すると定め、「第三」では奉祝会に対しては国庫補助を行なうかわりに国が指導監督も行なうとし、「参考案」として「紀元二六〇〇年奉祝会収支概算」が添付されている。その内容は、収入が、寄付金、国庫補助各五〇〇万円の計一〇〇〇万円、支出が、橿原神宮境域ならびに畝傍山東北陵参道拡張整備費四〇〇万円〔先にみた内務省所管分八〇〇万円は別〕、神武天皇聖蹟調査保存顕彰費三〇万円、御陵参拝道路改良費五〇万円、国史館建設費三〇〇万円、日本文化大観編纂費一〇〇万円、予備費一二〇万円となっていた。そしてこれらの事業は政府が指定した紀元二六〇〇年奉祝記念事業であるため「六大事業」と称されるようになる。

その後、第二回総会で奉祝会の設立準備のため松平を特別委員長として第二特別委員会が作られ、一九三七年四月二四日の第三回総会で「紀元二六〇〇年奉祝会の監督および援助に関する件」を議決、即日首相に報告されるとともに第三回総会はそのまま奉祝会創立委員会となり、奉祝会が設立され、七月七日には財団法人の認可を受けた。主要人事は、総裁は秩父宮、副総裁は首相、会長は徳川家達《いえさと》（元貴族院議長）、副会長は阪谷、郷誠之助《ごうせいのすけ》（日本経済連盟会長）ほか、などとなっていた。

ここで気づくことはオリンピックが記念事業に含まれていないことである。これは、万博と同時開催となった初期の大会が万博の余興視されて低調な大会となって以来、ＩＯＣではオリンピックを、万博など別の行事の一環として開催することを嫌っていたこと（『オリンピックの政治学』）から、東京招致を成功させるため、大日本体育会や東京市の要望で政府の奉祝記念事業から外されたのである（準備委第一回総会、評議委第二回第一特別委員会の議事録）。しかし、ライバルのイタリア側に対して、紀元二六〇〇年を記念しての招致なのでぜひとも一九四〇年に招致したいと説得したこと（同右）にも明らかなように、紀元二六〇〇年記念の大会であることは自明の前提となっていた。

結局一九三六年七月三一日、ベルリン大会に際して行なわれたＩＯＣ総会で東京開催が決定した。当時すでに軍備の大拡張を計画していた陸軍の意向もあって、担当官庁の文部省や招致委員会は質素な大会をめざすとし、メインスタジアムも明治神宮外苑競技場の改修（それでも予算は一〇〇〇万円）ですませる方向であった。しかし、新聞に二六〇〇年という言葉とともに掲載される記事は、万博問題の難航を伝える記事以外は圧倒的にオリンピック関係、なかでもオリンピック招致実現を契機とした社会資本整備や外客誘致策の話が多い。これは、当時オリンピックへの世論の期待がどこにあったかをよく示していよう。

たとえば、国際観光局の来日外人客用に湘南にホテルを建設する構想、日本空輸会社の日欧連絡の旅客航空路計画、鉄道省の主競技場への鉄道乗り入れ計画や東京地区の電車を木造から鋼鉄製に更新する計画、東京市の道路整備計画、奈良市観光課の外人観光客誘致策として、市内の小学生や土産物店の店員、旅館の仲居や芸者を対象とした英会話の練習計画や国鉄への関西線電化の要望、同市勧業課が外人向け土産品を研究、吉野熊野国立公園で外客誘致のための観光道路建設、といった調子である（『東朝』一九三六年八月、一二月、翌年三月、『奈良新聞』一九三六年八月、一〇月、『大朝』奈良版一〇月）。

東京関係の記事にみられるような大規模なイベントを契機とする都市改造構想は、元来万博の際にみられたものだが、ロサンゼルス大会以後のオリンピックの大規模化にともなって、オリンピックの場合でも取り沙汰されるようになったのである。こうした雰囲気は、二・二六事件後の社会状況に関する従来の常識とはまったく異なっている。むしろ、最近指摘されはじめた（『昭和史』1、『昭和東京ものがたり』2）ように、高橋財政の成功による、世界でもいち早い恐慌脱出による、都市部を中心とした好況がもたらした明るい前向きの雰囲気がうかがえる。

こうした雰囲気に対し、平生釟三郎《ひらおはちさぶろう》文相は九月三日に行なった、オリンピックに向けた国民の心構えを説いたラジオ放送で「お祭り騒ぎに走ることなく」と警告した（『幻の東京オリンピック』）が、以後もこの種の報道が行なわれたことは右にみた通りであるし、万博の場合も、機関誌『万博』（一九三六年五月発刊）の初期の号の巻頭にある、陸海両相を含む政・官・財の有力者の万博支援の辞は、根津などごく一部を除き、「建国精神を更張すべし」（寺内寿一陸相）、「記念事業の使命に背くな」（潮内相）、「伝統的誇りにそむくな」（鈴木喜三郎政友会総裁）などの見出しからわかるように生真面目なものが多いが、具体的な話になればそうではない。『万博』六号（一〇月）には、商工省、万博協会の関係者（山脇も含む）による「私の見た万国博覧会」という座談会が掲載されているが、商工省特許局調査課長という肩書をもつ楠瀬常猪が、「やはり博覧会は一つの商売でありますから、見にいく人がそう研究研究ばかりで、堅いことを言っておってもなかなかそう続くものじゃない」ので、「観興《ママ》施設というものは、非常に一般観客誘致の上に必要」と、役人でありながら万博の成功に必要な要素として「お祭り」的なものを肯定する発言をしているのである。

なお、オリンピック招致成功をうけて、一二月に文部省の斡旋で東京市、大日本体育会などを中心として第一二回オリンピック東京大会組織委員会が成立し、本格的な準備に着手した。また、前記のＩＯＣ総会ではやはり一九四〇年開催予定の第五回冬季オリンピックの開催地も決定することになっていた。日本の招致委員会はこれも日本に招致したいとして、立候補を募り、立候補地（霧ヶ峰、乗鞍山麓、志賀高原、菅平、日光、札幌）を調査の上、一九三六年三月に札幌を候補地とし、札幌にも招致委員会が設置されたが、このころ国際スキー連盟とＩＯＣがアマチュア規定をめぐって対立していたため決定できず、一九三八年三月のＩＯＣ総会でようやくスキー抜きでの札幌開催が決定することになる（『第十二回オリンピック東京大会組織委員会報告書』）。立候補地に長野県所在地が多いが、一九九八年の冬季オリンピックが長野で開かれたことを考えると、感慨深いものがある。ちなみに前掲の志賀高原温泉ホテルと赤倉高原ホテルの建設は、地元が冬季オリンピックに立候補したことが直接のきっかけという（『日本のホテル産業史』）。

7　紀元二六〇〇年をめぐる国民観の対立

このようにオリンピックが政府の奉祝記念事業に指定されなかったため、文部省は所管の奉祝記念事業を失う形となったが、その代わりとなったのが、新しく追加された国史館の建設と日本文化大観の編纂出版である。

国史館は、準備委および評議委の委員となった黒板勝美が、日本史に関する展示と研究を行なう総合的な施設として一九三四年ごろからひそかに考えていた構想であった（「仮称国史館」）。彼は日本古代史の権威で、神武天皇関係の史蹟調査が奈良県からの提案にあったことなどから学識経験者として委員に任命されたと考えられるが、これを機にかねてからの構想を準備委に持ち込んだのである。

次の日本文化大観は、日本文化連盟（以下、日文連）が政府に提出した意見書（名義は石川通司他二四名、『祝典記録』）の中から採用された事業である。日文連は、一九三三年二月、松本学《まなぶ》（当時内務省警保局長）が、思想対策として日本精神の強調による教化政策を行なうための文化運動を行なう組織として、内務官僚OB、華族、経済人などの一部とともに結成した非公式の組織で、経済界から資金援助を受け、さまざまな文化団体を傘下に入れていた（「日本ファシズムの形成と『新官僚』」）。

日文連の準備委への意見書提出の経緯は一九三五年二月までさかのぼる。松本の日記（『松本学日記』）によれば、一月二一日、大山斐嵯麿《ひさまろ》（万博協会関係者）から紀元二六〇〇年万博について相談を受け、二月九日に大山に対して、万博開催にあたって「産業博の外に文化交換の必要あり、いわゆる文化博の意義を持たしむることが大切なりと思う、わが精神文化の粋を集めて各国の万国会議を召集すべきである」と述べたことに始まる。松本は前年九月に警保局長をやめて貴族院議員に勅選されており、大山は議会内での万博への支持獲得策の一環として松本を訪ねたと思われるが、松本はこれを契機に二六〇〇年記念事業への関心を喚起され、文化運動に携わる立場から、記念事業は文化的要素を重視すべきであると考えたのである。その結果、日文連の地方組織作りが一段落した一二月一七日、日文連のメンバーを集めて相談会を開いて計画案の作成を開始し、翌一九三六年一月中旬にほぼ成案を得、一月二五日に首相に提出し、以後松本は、二月中旬まで意見書実現のための運動を精力的に行なっており、一月二三日には阪谷とも会談している。

意見書の趣旨は、紀元二六〇〇年記念事業として「最も意義あるものは、実に生成発展し来りし日本文化の再認識を促し、国民的感激をさらに将来に向って民族的躍進の契機たらしむると共に、万国に優越せるわが文化の精髄を中外に顕揚」すること、つまり文化事業が最適であるとし、事業の実現方法について、政府が「官民合同の権威ある恒久的団体を組織し」諸種の国内的国際的事業を実施させるとし、「日本文化大観の編纂」他四事業を奉祝記念事業としてあげていた。準備委の委員中には日文連のメンバーが三人（潮恵之輔前内務次官、矢野恒太第一生命社長、二荒芳徳貴族院議員）おり、彼らはこの意見書の採用を主張する一方、同年四月には松本が、この意見書の内容を紹介し、解説したパンフレット『皇紀二千六百年を期せよ』を出版した（「松本学関係文書」）。その中で注目すべきは、意見書にある「恒久的団体」を「日本文化中央連盟」と名づけている点と、遠回しに万博の資金調達方法を批判する部分があることである。

すなわち、「そもそも皇紀二六〇〇年記念事業なるものはその根本精神を祖先の祭祀においてこそ、ここに始めて深き意義がある」「今これを一家にたとえれば、祖先の祭りをする時、いかに家計困難であってもやりくりして一家の経費から支出しみずから行なわねばならぬ。近所隣から寄付を集めるとか、あるいは賭事をして儲けた金でお祭りをするとかいうようなものではなくして、またそういうことがあるべきはずのものではな」く、「政府においていかに財政困難であってもその事業の基本経費は国費をもってすべきであ」ると述べている。つまり、松本ら日文連は、紀元二六〇〇年の祝いは、国民教化策の一環としてより厳粛であるべきであるという観点から、国庫を財源とする「日本文化中央連盟」による日本主義約な文化運動を記念事業の中心に据えることを主張したのである。

要するに、万博の資金調達方法をめぐる議論は、紀元二六〇〇年祝典を、日本の発展を盛大に喜び、それを享受する機会とするか、国民を精神的に引き締め、さらなる勤勉を促す機会とするかという議論といえるが、ここにおいて、一九三〇年以降の紀元二六〇〇年をめぐる動向は、国家にとっての皇室ブランドの意義をめぐる動きであることがはっきりわかる。すなわち、皇室ブランドの、発展シンボルとしての機能と国民統合のシンボルとしての機能の対立である。そしてそれをさらに抽象化すれば、人間集団の一種としての国民を、性善説でとらえるか性悪説でとらえるかの対立ともいえる。国家の発展という観点に立てば、長期的には後者のような考え方も十分成り立ちうるが、紀元二六〇〇年に関して当時どちらが一般の人々の期待感に近いものであったかは、オリンピック招致決定時の関連報道の実態から、前者であったことは明らかである。

松本は、評議委設置が近づいた六月初めから活動を再開し、七月に入ると祝典事務局に猛烈な運動を行ない、日本文化大観の計画案（日本語版一〇万部、外国語版五万部、予算約二八〇万円）も提出した結果、評議委の第一特別委員会でも検討されたが、結局日本文化大観を予算一〇〇万円で国の奉祝記念事業に採用するにとどまり、他の主張は受け入れられなかった。官僚たちの反応から事業採択を有望とみていた松本は、これを聞いて、七月二九日に「俗吏どもに一ぱいくわされた」と怒りを日記に

ぶつけ、翌日には「どうしても中央連盟を作らねばならぬ」との決意を日記に記した。しかし、結局日本文化中央連盟が財団法人として認可され、文部省から補助金を得られることになったのは紀元二六〇〇年奉祝会が設立された後の翌年八月八日となり、国が行なう紀元二六〇〇年奉祝記念事業や記念行事遂行の中心団体となることはできなかった。つまり、松本ら日文連は意図を達成できず、阪谷の構想が維持されたのである。その直接の原因は財政事情であるが、なんといっても評議委の議論が全体として万博開催を前提として進んでいたことが大きい。

一方、4でみた、陸、海、内、文各省の、紀元二六〇〇年奉祝を名目とした国民教化の動きは、祝典事務局と同時に内閣に設置された情報委員会という場で具体化が試みられた。この情報委員会は、満州事変（一九三一年九月―一九三三年五月）の正当性を海外にアピールするため、関係官により内閣に非公式にできた情報委員会を国内向けにも所管を拡大して公式化した組織で、一九三七年九月二五日には内閣情報部に昇格、拡充する（『戦前の情報機構要覧』）。

すなわち、一九三六年一一月九日の情報委員会常任委員幹事会で、オリンピック招致決定を受けた宣伝政策を検討した際、紀元二六〇〇年祝典や万博と同じ年の開催なので一体として検討することとなり、情報委員会と祝典事務局など関係各省庁と検討の結果、一九三七年二月一八日の次官会議で「紀元二六〇〇年に関する宣伝方策大綱」が決定された。その内容はかなり詳細にわたっているが、その趣旨は、一九四〇年に紀元二六〇〇年祝典、五輪、万博が行なわれるのを機会に、「適切なる宣伝を行ない、真の日本に対する国民の自覚を強化し、また公正なる日本を中外に顕示し、もって国力の充実に寄与し国威を宇内に宣揚して国運の隆昌を期する」として、以下具体的な項目が列挙されていた。つまり、この決定は国民教化の一手段として紀元二六〇〇年を利用しようという趣旨の政策だったのである。そして実行にあたっては、とくに青少年を対象とし、各種のメディアを活用するとされた（『戦前の情報機構要覧』）。

しかし、この「宣伝方策大綱」がただちに十分に実施されたわけではなかった。一九三七年四月に設立された紀元二六〇〇年奉祝会は月刊機関誌『紀元二千六百年』（祝典事務局と共同編集）や各種の展覧会、講演会などで「宣伝方策大綱」の趣旨にほぼ沿った宣伝活動を行なったが、これらの活動を開始するのは翌一九三八年二月以後のことであり、情報委員会（のち内閣情報部）が編集する政府の広報機関誌『週報』においても、一九三七年三月三一日付第二四号に「紀元二六〇〇年について」を掲載した以外は、紀元二六〇〇年奉祝の動きと国民教化を直接結びつけた記事は一九四〇年に入るまで見当らない。

しかも、「宣伝方策大綱」は、一九三七年四月一九日に情報委員会常任委員幹事会で決定した「国民教化運動方策」の実施計画である「国民教化運動に関する宣伝実施基本計画」に包含されることとなった。なお、この「国民教化運動」とは、当時各省庁が行なっていた各種の運動をひとまとめにしたもので、「肇国精神の宣揚」「国民精神の作興」のほか、遵法精神などの「政治行政に関する国民教育」、交通道徳や公徳心向上などの「社会的教養」(この中には「時の観念の向上」という項目もあるが、当時は時間にルーズな人がそんなに多かったのだろうか)、生活合理化や勤倹貯蓄奨励や国産品奨励など「生活の改善」、「体位、保健、衛生の向上」など、総花式の運動となる予定であった。つまり、紀元二六〇〇年は特別扱いされるほどには重要視されていなかったのである。

しかも、この決定後まもない七月には日中戦争がはじまり、国民教化運動は国民精神総動員運動(後述)に事実上包含される上、内閣情報部の担当事務中に紀元二六〇〇年奉祝は残されていたものの、目立った動きはなかった(『戦前の情報機構要覧』)。つまりこの時点では政府は紀元二六〇〇年の動きを国民教化に十分に利用することはできなかったわけだが、世間的には紀元二六〇〇年奉祝といえばオリンピックか万博かという状況ではむしろ当然のことといえよう。しかし、官界、経済界の一部に国民教化を求める声がある以上、万博の資金調達方法をめぐる問題はまだ収まらなかったのである。

8　万博問題の紛糾

一九三六年二月に万博実施の方向が打ち出されたのをうけて、政府は一九三六年度の追加予算の商工省所管分に商工省内に万博を管轄する課の設置のため約二万八〇〇〇円を計上し、万博協会も三月三〇日に日本万国博覧会事務局職制を制定し、五月の第六九特別議会では、二四日の衆議院本会議で可決された「紀元二六〇〇年記念日本万国博覧会助成に関する建議」の審議の際や、前述の追加予算審議の際に万博に関する議論が行なわれた。議員の質問の要点は、そろそろ準備を開始する必要があるという前提のもとに、主催者を東京市にするのか万博協会とするのか、国庫補助をどのくらい行なうのか、割増金付入場券の前売を認めるのか、認めるとしたら割増金の額をいくらまで許容するのか（額が大きいほうが売れ行きが良くなることは宝くじと同様である）などである。これに対し、政府側は、割増金付入場券の前売を認めること以外については明確な答弁を示さなかった。そのため七月二一日の評議委第一特別委員会でも資金調達方法が再び議論となった。

すなわち、牛塚虎太郎委員（東京市長）が割増金付入場券前売に関する政府見解を求めたところ、湯沢三千男内務次官が「高額の割増金付前売」には反対であると述べた。すなわち、この方法は「財源の捻出方法としてきわめて良策でありますが、一面弊害がともない、国民の射幸心を助長し健全なる国民精神を阻害する」とし、この方法の先例としてよく言及された勧業債券は例外であり、「多くの人は割増金を得ることが目的でありまして、一度割増金が決定すれば入場券としてはあまり重きを置かなくなり、自然粗末にし時には紛失する」し、「四年前に割増金付で前売することは富籤行為となる」ので、割増金額を小さくし、かつ発売を一年前からとすべきであるとしたのである。

これに対し、牛塚が主催者の立場から阪谷説を支持する発言をするとともに、「博覧会はお祭り騒ぎであると批評する人がありますが、緊張したことばかりではいかん、時によってはお祭り騒ぎも必要」なので、「たとえ多少の弊害がともなうとしても取締りのほうで忍んでもらいたいと思います。そうでないと事実博覧会は実行できない」と述べ、続いて鶴見左吉雄（東京商工会議所副会頭）も「今日種々事業が計画せられ、その財源はすべて寄付金に求められるために皆困っております」と本音丸出しで割増金付前売入場券に賛成している。

こうした紛糾は、予算成立をうけて行なわれた、八月二五日の閣議における「日本万国博覧会計画実施要綱に関する件」の決定過程にも持ち込まれた。商工省は、第一に主催者を万博協会とし、第二に財源確保のため割増金付前売入場券発行を無条件に認める方針とし、万博協会は一枚一円で一二枚綴りのものに一万円の割増金（当選金のこと。現在の数千万円に相当）を付ける計画を作り、大蔵省の承認を得ていたが、内務省は一万円は高すぎて「富籤」にあたるとして、止むを得ない場合に限り、一年前からの発売で、割増金は三〇〇円なら認めるという対案を示した。結局、商工省案をやや内務省寄りに修正して閣議決定となったが、割増金額や発売時期については先送りとなった。

とにかくこの閣議決定に対応して、八月二五日に商工省商務局に博覧会監理課（初代課長は豊田雅孝）が、一二月九日に監理課の事実上の諮問機関として紀元二六〇〇年奉祝記念万国博覧会監理委員会（会長は商工大臣）が商工省に設置されるなど、政府側の機構が整備され、万博協会も予定経費を三五〇〇万円に拡大し、とりあえず千葉県東葛飾郡八柱《やはしら》の東京市営八柱霊園の敷地で会場植栽の育成を開始した。そして一二月には万博協会宣伝部長の吉山真棹が「世界は今や博覧会時代か」と題するラジオ放送を行なったり、一九三七年三月には東京市の荒木孟産業局長がラジオで「日本万国博覧会と東京の産業」と題して、万博開催による東京での消費予想額は少なく見積もっても（すなわち、三〇〇〇万人の入場者予想を二割減として）約二億円（ちなみに『大日本帝国統計年鑑』によれば、営業税課税の基準となる、一九三五年度の東京府下の法人、個人合わせての営業収益は約六億七〇〇〇万円）で、しかもその大部分は中小商工業者の収益となるという予測を発表して期待を盛り上げた（以上『万博』『官報』）。

そして、こうした動きに並行して、民間の側でも動きが出始めた。老舗デパートの高島屋では、一九三三年に完成した東京日本橋店が予想以上に繁盛して手狭になってきた上、「来たるべき昭和一五年における皇紀二六〇〇年の国家的大祝典を機とし、おおいに業務の拡張に備えんがため店舗の増築計画を樹立し」、一九三六年九月一日に社内に東京店増築委員会を設置し、警視庁の認可を得て一九三七年四月一〇日に着工した（『高島屋百年史』）。ついで、やはり老舗の松坂屋も、かねて懸案であった上野・銀座・大阪店の拡張、増築を一九四〇年を目標に実現することを決意し、銀座店新館は一九三七年五月一日に、上野店南館は同年八月六日に、大阪店第三期増築工事は同年九月一〇日にそれぞれ着工した（『新版　店史概要　松坂屋』）。ただしこれらの動きは、デパートの新設、増設を制限する百貨店法制定が小売業者の運動により実現しそうであったため（実際一九三七年八月一四日公布、一〇月一日施行となる）、それを見越した駆け込み計画という面もあった（『松屋百年史』）。

また、一九三六年一一月一一日に、国際観光局の支援も得て、観光業界の業界団体として日本観光連盟が設立されたが、その際の前田米蔵鉄道大臣の祝辞に、「たまたま来たるべき建国記念聖歳には各種の国家的祝典国際的催物相次いで行なわれんとし、その時にあたり必然増加すべき内外観光客をいかにして円満に迎接すべきやについては、今より慎重熟慮を要する」ので、「全国観光関係機関相互の連絡調整を図り、斯業の発達を期するため官民有志相謀りて」結成された（『日観協二五年史』）、とある通り、紀元二六〇〇年のイベント、それも主に万博やオリンピックの開催をめざした動きであった。実際、万博協会の機関誌『万博』には、このころすでにドイツ、群馬の桐生、高崎、三重や愛媛など、内外の万博観光団計画が報じられている。

ところが、内務省の反対によって資金調達方法が確定しない上、林銑十郎内閣の結城豊太郎蔵相のいわゆる「軍財抱合」財政（軍部と財界の協調をめざし、軍事費以外の予算を削減して増税を回避した予算案）による大幅な予算削減のあおりで、万博への計一二〇〇万円の国庫補助が一九三七年度の五〇万円のみということになったため、準備事務の要となる万博事務総長が決まらないなど先行きが危ぶまれ、四月下旬には「博覧会景気の出現を待望する都下中小商工業者の中から早くも失望の声さえ起って来た」（『東朝』四月二二日）と報じられる事態となった。

しかし、五月二五日に財界有力者の一人、藤原銀次郎（王子製紙社長）が万博協会会長に就任したことから事態は好転した。すなわち、藤原の尽力で五月三一日の閣議で入場券の割増金を三〇〇〇円とする法案の次期議会への提出が決定したため、ようやく万博の事務総長も元商工省商務局長の副島千八に決定し、万博総裁に秩父宮を推戴し、海外への宣伝活動の準備も始まり、藤原会長は六月二九日の就任披露会で報道陣に万博開催の経済効果予測を三億三五〇〇万円と発表して再び期待を盛り上げた（以上、『万博』『東朝』）。そして法案成立の機会は政変による第一次近衛内閣の成立によって意外に早くやってきた。すなわち、内閣の成立をうけて七―八月に開かれた第七一特別議会で、「紀元二六〇〇年奉祝記念万国博覧会抽籤券付回数入場券発行に関する法律」が成立し、八月一四日に公布となった（ただし割増金は二〇〇〇円）。こうして万博は資金計画が確定し、予定経費四四五〇万円（一二月に正式決定）、うち三六五〇万円を入場券前売で、残りは寄付金や出展者からの収入によって賄うこととなった。これにともなって八月二六日に万博協会は念願の社団法人となった（『万博』）。

こうして、万博の準備は、有力財界人の登場によって、ようやく本格的に開始できるところまでこぎ着けたのである。

9　観光立県へ―奈良県

一方、奈良県（以下特記しない限り『大朝』奈良版、『奈良新聞』）では、一九三六年四月下旬に、先に設置した記念事業準備委員会の特別委員会に橿原神宮の整備拡張や外苑の整備、神武天皇の聖蹟や功臣を祀る神社についての調査、各種大会の開催や宣伝、万博との連絡に関する県の計画を検討させ、五月末、これと並行して県知事の名で政府の準備委に橿原神宮関係の記念事業促進を求める上申書を提出した。畝傍町の建国畝傍顕揚会でも、五月中旬に小松会長、高森栄喜三県会議長他の名で、「皇紀二六〇〇年記念事業を大和橿原神宮中心に施行せられたき儀につき請願」を総理大臣に提出した（『祝典記録』）。八月初旬に県の準備委員会の審議結果が出たが、その内容はほぼ原案通りで、多くは国による実施が期待されていた。そこで県ではまず準備委員会の決議結果を祝典事務局に送って実現を促す一方、準備委員会の委員を中心に関係者が上京して関係当局に運動を行なったり、県にも記念事業事務局を設置するための追加予算を県の参事会（県会閉会時の議決機関）に諮っていた。その結果、橿原神宮境域と神武天皇陵参拝道路の拡張整備については県の期待以上の規模の実現が八月下旬に奈良を訪れた祝典事務局の職員から明らかにされていたが、その他の事業については楽観を許さないと認識されていた。すなわち、一〇月中旬、陳情のため上京した高森県会議長は、「県記念事業準備委員会決議の事業計画をどの程度まで政府で取り上げるかを打診したが楽観を許さぬ。今後の猛運動が必要」で、具体的には橿原神宮関係の計画についても具体的計画が県の案と一致するかも疑問とし、さらに「どうも記念事業は東京中心となるおそれが多い」と危機感を募らせていたのである。

しかし一一月初め、祝典事務局がそれまで予算二五〇万円としていた橿原神宮境域と神武天皇陵参拝道路の拡張整備を予算四〇〇万円という案にすることが明らかとなり、奈良県では県の計画案がほぼ実現できるとして歓迎の雰囲気が広まった。すなわち、奈良県側の猛運動が功を奏し、前にみたように奈良県側の希望がかなり入れられた案が評議委で議決されるに至ったのである。そしてちょうどこのころには前述の吉野熊野国立公園の動向などもあり、観光産業への県内の期待が一層高まっていった。

すなわち、一一月初めには次年度の県予算で観光費の増額、県に観光課の設置が報じられたが、それによると、一戸《いちのへ》二郎《じろう》知事はこれからの県の三大産業として農業、手工業とともに観光を考えており、「皇紀二六〇〇年を機会とする躍進観光に備えて」、つまり、オリンピック、万博にともなう外人観光客や、橿原神宮参拝客、橿原で開催される各種大会の参加者など、紀元二六〇〇年を機会に来県者の大幅な増加が期待できることから、従来公園課で管轄していた観光行政について独立の課を設置することにしたのであり、結局観光課は一九三七年一月一日に設置された（『奈良県報』）。すなわち、紀元二六〇〇年の動きは、地域経済発展の起爆剤としての意味から県の支援を受けていたのである。しかし、まだ橿原神宮その他の工事計画の具体案は決定されておらず、奈良県側では少しでも早い具体的な工事計画の決定に向かって運動を続ける一方、一九三七年五月二八日に奈良県紀元二六〇〇年奉祝会を、八月一〇日に紀元二六〇〇年祝典事務局を設立（同右）して、県が行なう記念事業の決定、実施体制を整えた。

もっとも、県奉祝会設立にあたっては、県内全町村長が規約上なんの権限もない常務委員とされたことに対し、町村長側が、会の重要な使命である県内の寄付金募集は自分たちが中心にならざるを得ないのに、「なんら発言権を与えざるごときは断じて承望《しょうぼう》すべきでない」として全員脱退しようとしたため、あわてた県側が譲歩する一幕もあった。これも紀元二六〇〇年奉祝記念事業への県内の関心の高さを物語る話である。

以上、本章でみてきたように、第一二回オリンピック大会の東京への招致運動の名目にたまたま掲げられたことからはじまった紀元二六〇〇年奉祝の動きは、万博開催の動きに波及し、さらに橿原神宮整備拡張事業が地元の積極的な支援を得る契機となり、万博を含む大規模な紀元二六〇〇年奉祝記念事業が国家プロジェクトとなって準備が開始されるに至った。こうした展開となった要因は、紀元二六〇〇年という名目が、日本国家が世界でも有数の長い歴史を誇りうることを示すという意味で、西暦一九四〇年に行なうべき国家的イベントに掲げることのできる名目としては究極のものであったことと、万博とオリンピックが多大の経済効果をともなうイベントと認識されていたことであることはもはや明らかであろう。

そのことは、万博の推進者たちが、紀元二六〇〇年という名目を使える年にアジア初のビッグイベントを集中させることによって外貨獲得の促進や社会資本の整備、地域経済の振興などの経済効果が一層大きくなることを強調した結果、地域や民間の合意形成はもちろん、万博実施に不可欠とされた、国家の支持を取り付けることに成功したことに典型的に示されている。さらに、元来当事者が国民統合強化策として位置づけていた橿原神宮の事業が実現に向かった要因は、万博とオリンピック開催の動きに便乗することによる地元経済振興への期待であったし、オリンピックの場合に、紀元二六〇〇年というカードを使うことで招致ライバル国（イタリア）の譲歩を引き出すことが行なわれたことは、この名目の特性が国際的にも利用可能であったことを物語っている。

また、万博やオリンピックが、奉祝記念事業の推進者たちや世論において、すでに国際政治の場では一等国とされていた日本が、経済的にも一等国になるステップとして位置づけられていたことが、阪谷の議論だけでなく、新聞の関連記事の内容からも明らかであることから、紀元二六〇〇年記念イベントを契機とした経済成長の結果として一流国並みの豊かな社会の実現が夢ではないという認識が、一九三〇年代なかばの日本人の中に確かに存在していたこともわかる。

ただし、官僚や財界人の中には、紀元二六〇〇年を国民統合強化の機会にしようという観点から、紀元二六〇〇年奉祝を経済発展効果をもつ派手なイベントの機会とすることに批判的な人々もいた。そのことが紀元二六〇〇年の動きが国家事業となりえた要因の一つであったことは、この問題に関する政府内部の動きや政府の記念事業の決定過程にうかがえる。しかし、少なくともこの時点の世論において、国民統合強化という意図が顧みられることがなかったことも確かである。

さて、こうして、オリンピックを事実上含む紀元二六〇〇年奉祝記念事業が実現の緒につこうとしていた矢先の一九三七年七月七日、日中戦争が勃発する。日中戦争は紀元二六〇〇年奉祝の動きにどのような影響を与えていくのだろうか。

第四章　日中戦争のなかで

1　日中戦争勃発の影響—中止か

一九三七年七月七日、北京郊外の盧溝橋で日中戦争が勃発したが、当初は一般にはしばしば起こっていた局地紛争の一つと考えられていた。それは、第一次近衛内閣の成立（六月四日）をうけて七月二三日に召集された第七一特別議会では、戦費関係の予算以外は日中戦争関係の案件が一つもなく、逆に前出の百貨店法や「紀元二六〇〇年奉祝記念万国博覧会抽籤券付回数入場券発行に関する法律」が成立したことにあらわれている。

しかし、この間、七月二八日に華北で日本軍が本格的な軍事行動を開始すると、この紛争は全面戦争の様相を呈しはじめた。そのため九月三日に第七二臨時議会が召集され、臨時軍事費特別会計の設置や、輸出入品等臨時措置法、臨時資金調整法、「軍需工業動員法の適用に関する法律」などの戦時法規の制定が行なわれ、九月九日には政府が国民に戦争への協力をよびかける国民精神総動員運動（精動）の開始を告げる内閣訓令を発し、国家総動員計画の準備を開始するなど、戦時体制の形成が始まった。こうしたなかで、紀元二六〇〇年奉祝の動きにも日中戦争勃発の影響が及びはじめた。その最初はオリンピック返上問題であった。

オリンピックについては、東京市オリンピック委員会および体協、東京市を中心とするオリンピック東京大会組織委員会（以下、組織委）が準備をすすめていたが、八月二五日に陸軍省が、戦争激化を理由にオリンピックの馬術競技への陸軍現役将校の出場取り止めを発表したことから大会返上説（オリンピックは延期はできず、開催不能の場合は開催地を移転）が取り沙汰されるようになり、九月七日に政府高官の、政府としては返上の意向である旨の発言が大きく報道されたことから問題が一気に表面化した。結局政府は八日に「しばらく情勢の推移を見たし」という声明を発表し、これをうけた組織委は、海外には、一〇日に永井松三事務総長名で既定方針通り準備を続ける旨の声明を発したものの（『幻の東京オリンピック』）、一五日の常務委員会で「各種競技場の建築は当分着手見合せ、最低予算で準備を継続する」（『第十二回オリンピック東京大会組織委員会報告書』）こととした。つまり、事実上オリンピックの準備は中断されることになったのである。こうした動きは万博にも影響を及ぼした。

万博は、植栽育成に続いて同年九月には会場予定地（東京の月島埋立地）の地質調査が始まり、さらに前述の法案成立をうけて前売入場券の印刷が一一月一日発売の予定で始まっていたが、政府の意向で九月二二日に当分発売を延期することが決まった。そのため、すでに万博の中心的な施設として設計競技が行なわれていた建国記念館の着工も延期されることとなった（『万博』『東朝』）。

ただし、この時点では戦争が何年も続くと思われていたわけではない。たとえば、九月七日の『東朝』で、組織委の副島道正（ＩＯＣ委員）が「私の考えでは、支那事変では、もちろん皇軍（日本軍のこと）が大勝して時局が安定し、半年か、少なくとも一年後には日支が握手できるものと思っている」と述べているが、当時は軍関係者を含め大多数の日本人がそう思っていたことはまちがいない。

一方、奈良県でも奉祝記念事業への日中戦争の影響を危惧する声があがっていた。奈良県関係では前述のように県側の準備体制は整いつつあったが、すでに内務省所管で開始されていた橿原神宮社殿の拡張整備事業以外の具体的な事業計画は、四月以後の政変（第一次近衛文磨内閣の成立）や日中戦争勃発などのため、まだなんら決定していなかった。そのような状況について奈良県側が不安を感じていたことは、畝傍町長で、建国畝傍顕揚会会長の小松茂作が、奉祝記念事業推進の陳情で上京して帰県の際、八月一日付の『奈良新聞』に、「本県から要望しようとしている橿原神宮外苑建設の件については」「中央において、いまだなんら具体的に考慮していないよう」である上、奉祝記念事業実施にともなう外人観光客誘致のために地元から陳情していた「国道一五号線の高田まで延長も至難な雲行き」で、「そこへ今回の事変だ、ともすると記念事業の全体に暗い陰がさしそうに見受けられた」と語ったことにあらわれている。

このように、日中戦争の勃発は、奉祝記念事業の行方に暗い影を投げかけたが、この段階で比較的すばやい対応を示したのは奈良県であった。

2　橿原神宮と国民精神総動員——奈良県の対応

前述のように奈良県側は県関係の事業の早急な着手をめざして運動を行なっていたが、八月六日から七日にかけて三島誠也県知事、児玉九一内務省神社局長、歌田千勝内閣紀元二六〇〇年祝典事務局長らによる協議が行なわれた結果、橿原神宮の神域拡張のための土地買収と、神社の周囲の鉄道の移設は国費で県に委嘱して行なうが、奈良県側から強く要望していた神宮外苑整備、すなわち総合運動場、共同宿泊所、修養館などの建設は奈良県の事業として実施する方向で工事計画の検討に入ることとなった。しかし、前述のように日中戦争の拡大のなかで危機感をもった奈良県サイドでは、事業推進のためさらに積極的な態度に出た。すなわち、ようやく評議委で橿原神宮関係の具体的工事計画の審議の開始が確実となった一〇月初旬、県会の正副議長他計九人の県議が上京して政府の祝典事務局や関係省に陳情を行なったが、その際「皇道の宣揚と日本精神の作興をはかるべき奉祝記念事業は、時局多端の理由をもって躊躇すべきでなく、むしろ一層積極的に実施し国民精神総動員に資するよう要望」した（『大朝』奈良版）。

明らかにこれは、すでに政府が精動の開始を宣言し、一〇月一二日に国民精神総動員中央連盟が結成されるという状況をふまえた動きである。と同時に橿原神宮の特徴を生かした対応でもある。第一章でふれたように、橿原神宮が祀る神武天皇は軍隊にとってもシンボル的存在であり、橿原神宮の拡張整備は戦意高揚のための国民統合にも有用であるという論理が十分成り立つからである。

そして、こうした奈良県の動きは紀元二六〇〇年奉祝記念事業の動きの一大転機といえる。なぜなら、国民の団結強化（国民精神総動員）に役立つという理由で、間接的ながら奉祝記念事業も戦時体制強化の一手段となるという論理が初めて打ち出されたからであるが、その意図が、政府の諸政策の中で奈良県関係の奉祝記念事業の優先順位を少しでも上昇させようとしたことにあることはまちがいない。なお、この陳情の中には、「全国各青年団をして献木、献石、労力奉仕をなさしめ」るという項目があったが、これは、一九二〇年代前半の明治神宮外苑整備事業の際に前例があった（『明治神宮外苑志』）。

こうした奈良県側の運動をうけた形で、一〇月二一日から評議委に「橿原神宮境域ならびに畝傍山東北陵参道拡張整備計画」決定のため第三特別委員会が設置されて審議が開始された。評議委で正式に計画が決定するのは翌年四月二三日だが、その間、一二月八日に中央の奉祝会から内務省に事務の一部委嘱が申請されるなど準備が進み、五月八日に起工式が行なわれて正式に工事が開始された（『祝典記録』）。

また、県の事業については、県予算からの支出のほか、県の奉祝会で寄付金を集めて、橿原神宮外苑にいくつかの施設を建設する予定であったが、大阪朝日新聞社は、二月一一日（紀元節）の『大阪朝日新聞』朝刊の第一面に「皇紀二六〇〇年記念事業」として、「肇国精神の発揚につとむるとともに、現時局下全国民精神総動員の一助たらしめん」ため、「奈良県当局ならびに同県奉祝会と協力の下に、皇紀二六〇〇年を記念する一大国民運動を提唱し、これが実現を期する」という社告を出し、三月六日付朝刊において「日本青年道場建設」「全国青少年集団訓練ならびに勤労奉仕運動」「全国小、中、女学校の献木、植樹、花壇の設置および全国諸団体の献石」、「建国精神の発揚」のための「各種の催し」「奉祝記念事業基金募集」などの事業計画を発表した。すなわち、県の奉祝記念事業のうち、青少年による勤労奉仕団体の組織運営や資金の調達の一部に協力することにしたのである。その名目は同社の紀元二六〇〇年奉祝記念事業としてであったが、当時大阪毎日新聞社（大毎）と激しい販売合戦を繰り広げていた（『朝日新聞販売百年史（大阪編）』）ことを考えると、実際には販売部数拡張策の一つとして計画されたとしか考えられない。

そして、同紙の奈良版にはこのあと県や県奉祝会の幹部のこの計画を歓迎する談話が数日にわたって掲載されているが、そのなかには奈良県側の本音をうかがわせる発言も見受けられる。それは、赤堀四郎県奉祝会理事（県会議員）の発言で、彼は、「記念すべき紀元二六〇〇年を機会に観光大和の一大躍進をはかることは、いま県民に与えられている最大の課題である」とし、さらに「橿原神宮をはじめ数々の御聖蹟を有する奈良県の観光は、単なる名所見物とは異なり、国体観念の涵養に寄与する重要なる意義を有している。青年道場の建設をはじめ幾多の事業を通じて全国の青少年を聖地に集めるほか、紀元節ならびに神武天皇祭を中心に建国精神の発揚につとめる講演および出版、映画ならびに武道、協議などの催しを恒久的に行なうとのことであるから、将来観光事業におよぼす貢献に少なからぬものがあることを信ずる」と述べている。建前としては皇室ブランドによる国民統合を意義づけに使いながら、本音では、この計画は来県者を増やすので観光収入の増加につながり、県の経済発展にプラスとなるという経済発展指向的発想が明らかにみてとれる。

その後この計画を基に検討された結果、橿原神宮外苑の県の事業区域および中央の奉祝会から内務省を経て県に委嘱された工事への勤労奉仕のため六月八日に建国奉仕隊が結成され、活動を開始した（その実態は本章の5でふれる）。こうして、奈良県の場合は、橿原神宮の特徴を生かして戦時体制の形成にうまく適応することに成功したのである。

3　万博・オリンピックの準備再開

1でみたように、万博、オリンピックの準備は日中戦争拡大のなかで事実上中断状態となっており、マスコミの関心も遠のいた形となっていた。しかもオリンピックの場合は、組織委内部の足並みの乱れなどのため、一九三八年に入るまでこの点に関して特筆すべき動きはない（『幻の東京オリンピック』）が、万博の場合は、万博協の機関誌『万博』を通じて国民の関心をつなぎ止めようという努力がなされた。

まず、同誌一七号（一〇月号）の巻頭に掲げられた無署名論文「紀元二六〇〇年記念日本万国博覧会とは」において、殖産興業奨励のため、第一回内国勧業博覧会が西南戦争中においても、第四回内国勧業博覧会が日清戦争中においても開かれたことを例にあげ、「されば、目下の非常時局突破の原動力となるべき『生産力の拡充』『殖産興業奨励』の観点から見ても、日本万国博覧会開設は、現下の時局に重大なる意義をもたらす」と主張し、次の一八号の無署名論文「非常時局と博覧会」では、「歴代の政府は博覧会の開設と参同とをもって共に重要なる国策とし」「時に国内兵火に会い、国帑《こくど》〔国費のこと〕また窮乏に陥ることがあっても、よく万難を排して所期の貫徹にあたったことはわが国博覧会史の実証する所」とし、前出の内国博の事例のほか、西南戦争中にパリ万博への参加準備を開始したこと、日露戦争中にセントルイス、ポートランド（アメリカ）、リエージュ（ベルギー）の各万博に参加したことも例示した上で、「思うにわが国民の遭遇せる現下の難局は、日清、日露、その他に見るごとく、必ずや来るべき大飛躍大発展の前提をなすものたるは疑いをいれざる所である。しかして事変後に来るもののためにする最善の手段は、非常時の解消にともなう産業文化の復興と、さらに新たなる進展とに存するがゆえに、日本万国博覧会の開設はただちにその促進機関なりと称すべきである」としている。すなわち、万博の場合には、開催促進の論理として戦時下の生産力拡充や戦後の経済発展に資するという論理が展開されていた。本音ではなく、建前として経済発展指向的側面が強調されたことは、奈良県の場合と比較して目立つ点である。

しかし、一二月に日本軍が蔣介石率いる国民政府（当時の中国の正統政権）の首都南京を陥落させ、翌一九三八年一月一六日に近衛首相が、講和の条件として蔣の下野を求める、いわゆる「蔣介石を対手にせず」声明が出されると、万博とオリンピックの準備が再開される。それは、首都陥落と、それにともなう敵の指導者の指導力低下が早期戦勝を広く一般に予感させたことを示している。

まず、一月一〇日の万博監理委員会で、延期していた割増金付回数入場券を三月に発売することが決定された。これは大蔵省の反対で再延期になりそうになったが、万博協会がこれ以上発売を延期すると会場建設工事が間に合わなくなって開会延期になるとして猛運動を行なった結果、一月二八日に商工大臣の判断で発売が決定した（『東朝』）。

これをうけて、日本万国博覧会（万博実施のため万博協会が中心となって設置した組織）事業部管理課長北垣喜次郎が、万博開催による受け取り超過額は二億一〇〇〇万円となるが、観光事業の利益率は輸出貿易の二倍なのでこれは四億二〇〇〇万円の輸出額に相当し、輸出額第二位の生糸に匹敵する経済効果があると推算し、「博覧会が国際貸借におよぼす影響がいかに重大であるかは以上述べた所によって明らか」であるとして国民の協力を呼びかける論文を『万博』二一号（二月号）に発表している。これは、当時の物資動員計画（物動計画）の規模が輸入に必要な外貨量によって規定されていたことを考えれば、万博が国家レベルの戦時体制形成に貢献する事業であることをアピールした動きといえるが、その一方で奈良県の場合の本音の論理と同様、地域経済発展への期待も根強かった。

二月二一日、藤原銀次郎万博会長が、東京市会議員を招いた宴席におけるスピーチで、一九三三年のシカゴ万博がシカゴ市の経済に与えた影響（五億ドルの経済効果があり、市財政の赤字が解消した）に言及したのに対し、松永東《まつながとう》市会議長が「われわれ東京市民にとりまして、誠にありがたい金儲けのできる御話を承り、とくに万国博覧会は東京市の赤字財政を克服する事業であるとのことにて、私どもはなんともいい知れぬ喜びでございます」と述べていること（同二二号）は、そのことを如実に示している。

そして、三月一〇日から二四日まで一二枚綴り一組一〇円（現在の数万円）の割増金付（一等二〇〇〇円。現在の数百万円）前売入場券一〇〇万枚が全国の金融機関、ツーリスト・ビューロー、プレイガイドなどで売り出され、好評のうちに完売した。好評の原因は、「一枚の投機は大衆への適格性を有し、プレミアム二〇〇〇円也に絶大の魅力を感じ、スリルを満喫したい大衆は氷雨の朝をものともせず売場に殺到する」という新聞報道（『東朝』三月一一日朝刊）にうかがえるように割増金にあったが、比較的高価でありながら売れ行きが良かった背景として、軍需による好況現象がこの時期かなりみられたことに留意する必要がある。もちろん、軍需産業以外の職種の人の中にはこうした景気の良い話に縁遠い人々もいたには違いないが、日中戦争勃発後も、それ以前からの景気回復の影響は衰えるどころか、影響は都市部から農村部にも拡大しはじめ、全国の観光地の人出も、デパートの売り上げも、一九四〇年までどんどん増えていくのである。

観光地の場合、地域差はあるようで、三七年に一時減少しているケースもあるが、全体としては増加傾向である。たとえば、伊勢神宮は三六年に二三〇万人あまりであったのが三七年に二九九万人、三八年に三五〇万人、四〇年には四一〇万人、南紀白浜温泉は三六年一二万人、三七年に一四万人弱、三八年に一六万五〇〇〇人、四〇年には二一万人弱といった調子である（「観光・厚生・旅行」）。デパートの場合、三越は三六年の純益金が三一〇万円であったのが三七年三三〇万円、三八年三七〇万円、三九年にはなんと五〇〇万円に激増し、四〇年には五三〇万円と戦前期最高を記録しており（『株式会社三越八五年の記録』）、他のデパートも同傾向である（各社社史）。

割増金の第一回抽選は五月一〇日に勧銀本店で行なわれ、一〇人が一等二〇〇〇円を獲得したが、そのなかにはなんと評議委委員長で万博協会名誉会長の阪谷芳郎が含まれていた。阪谷は東京市内小石川の自宅を訪れた新聞記者に対し、「私は景気づけの意味で一〇枚だけ仲間入りさせてもらったのです。当った二〇〇〇円は、私が微力をお貸ししている紀元二六〇〇年記念奉祝会に寄付します。どうも困ったね」と述べている。（『東朝』五月一一日朝刊）が、偶然とはいえあまりにできすぎた話で、関係者はさぞ驚いたことであろう。

同じ紙面には、他に二人の一等当選者のインタビューも載っているが、なかなか面白いので紹介させていただきたい。やはり東京市に住むある金融業者の場合は、券の購入を勧めてくれた取引先の銀行からの連絡で当選を知り、七人の子供たちは「ワッとばかり歓声をあげ父親におめでとうの襲撃、ついに親戚一統を呼んでの豪華な晩餐との言質を得て再び歓声をあげた」とあり、さらに本人の談に、「まったく寝耳に水、しかし悪くありませんな。マア時節柄事変公債を買うとか有意義に使いましょう」とある。事変公債を買うとはいかにも戦時下を思わせる。同じ紙面には朝日新聞社による「軍用機献納資金」キャンペーンの募金状況が載っているぐらいだから当然だが、献金せずに公債（つまり貯金である）としているところがいじましいというべきか、チャッカリしているというべきか。

もう一人は商工省で給仕をしている少年で、同省の職員からもらった三枚のうちの一枚が当ったもの。記者が本人宅を訪ねると本人すでに就寝中とのことで、譲った側に話を聞くと、同僚が買うので、「僕も熱に煽られて四枚買い込んだのですが買い過ぎた気がして」譲ったところ、同僚が、「僕のが当選した当選したと一時大騒ぎをやりましたが譲ったとわかってかえってみんながっかりしていました」という。「熱に煽られて」というあたりに発売時の状況がうかがえる。

とにかくこうして資金調達のメドがついたのをうけて、四月に入ると海外諸国からの参加を促すため招請使節が各地域に派遣され、五月一六日には会場予定地（東京の月島埋立地）で地鎮祭が行なわれて会場建設工事が正式に開始されるに至った。

万博のこうした動きに影響される形で、東京市の動きも活発化した。東京市では一九三八年二月中旬に、三年間の継続事業として、市債を財源とする、オリンピック、万博開催にともなう道路、水道など関連施設の整備予算（オリンピック関係約一〇〇〇万円弱、万博関係約一〇九〇万円）を作り、市会でほぼ原案通り可決され、万博関係については四月中旬に内務省に対して起債許可（市債発行は内務省の許可が必要）申請を行なった。一九三六年度の東京市の土木費歳出が約二六〇〇万円であることを考えると、この予算の巨額さがわかる。なお、別途着工していた、月島埋立地（晴海）と銀座を結ぶのちの勝鬨《かちどき》橋（一九四〇年の完成時には東洋一の開閉橋といわれた）も、万博会場への主要交通路として位置づけられていた（『万博』一二号）。

また、オリンピックについては、三月七日の組織委員会で一応総額一六四八万円の大会開催予算と財源計画（東京市から六〇〇万円、政府から四三〇万円、寄付金一五〇万円、残りは入場料収入）を決定し、四月二九日に芝浦埋立地で自転車競技場の地鎮祭が行なわれた（『東京市報告書』）が、再び問題が発生した。

すなわち、諸外国で日中戦争に関する日本への非難が出始めていたところへ、杉山元《はじめ》陸軍大臣が、三月七日の衆議院の国家総動員法案特別委員会において、日中戦争終結以前のオリンピック開催はできないという見解を表明したため、オリンピック返上問題が再燃した。しかも、明治神宮と内務省神社局が、主競技場に予定されていた明治神宮外苑競技場に関して、ＩＯＣの要求する観客収容数一〇万人の規模への改修は無理であるとして難色を示したため、主競技場の場所についての最終決定が遅れていた。結局組織委は明治神宮外苑をあきらめ、四月二三日に、選手村設置予定地であった駒沢ゴルフ場に主競技場も建設することを決定し、東京市もこれにともなって大会施設費の負担増加分と、道路、水道など関連施設費の増額分（結局関連施設費に計約一〇一〇万円弱）の更正予算を作り、五月二三日に市会で可決した。その結果、市は二四日と二七日にわたって内務省に起債許可申請を行なった。

さらに市は、これまで市の秘書課あるいは文書課が担当していたオリンピック、万博について専管の部局を設置することとなり、五月九日、紀元二六〇〇年記念事業部を設置した。これは「紀元二六〇〇年奉祝施設のほか、記念事業ならびに第一二回オリンピック東京大会および日本万国博覧会に関する事務」を管掌し、部内には、オリンピックやその他の事業を扱う総務課と、博覧会課、観光課がおかれた。観光課は管掌事務の第一に「内外訪客の誘致および接遇に関する事項」とあることからもわかるように、オリンピックや万博への観光客誘致を目的としていた。これにともなって、市は東京市観光協会設立など観光施設拡充のため一三万円の予算を計上するとともに、オリンピック、万博関係の土木建設工事の設計、施工のため臨時建設部、臨時建設事務所も設置された。こうしてオリンピック、万博とも事業実施に向けて工事や設計作業がはじまった（『幻の東京オリンピック』『東京市紀元二千六百年奉祝記念事業志』『東朝』など）。

しかし、日本軍は、イギリスの支援をうけつつ重慶に首都を移転した蔣政権を屈伏させることができず、戦局が長期戦の様相を呈しはじめた上、戦争遂行と陸軍の軍備拡充計画実現のために実施されていた一九三八年（年度ではない）の物動計画を六月に大幅に縮小せざるをえなくなり、万博、オリンピックをめぐる状況も一変することになる。

4　万博延期・オリンピック返上——戦時体制の強化

すなわち、アメリカの不況で日本の繊維製品が販売不振となったため、物動計画の根幹である鉄鉱石、屑鉄、石油、高級工作機械などの輸入に必要な外貨準備が予定の三六億円からほぼ二割減の三〇億円となる見通しとなり、計画を大幅に縮小改訂せざるをえなくなったのである。この改訂計画は六月二三日に閣議決定されたが、日中戦争遂行と軍備拡充が至上命題とされたため、縮小分として民需が削減されることとなり（『昭和戦中期の総合国策機関』）、「戦争遂行に直接必要ならざる土木建設工事は現に着手中のものといえどもこれを中止す」とされ、オフィスビル、学校、商業用ビルとともに万博、五輪も中止対象として明記されたのである（『国家総動員史』資料編第一）。当然前にふれたデパートの増築工事も中止となった。

この決定にともなって、組織委はとりあえず各国への参加招請状の発送を見合わせたが、主競技場の建設については、東京市で鋼材使用量を一〇〇〇トンから六〇〇トンに減らすことを考えはじめ、商工省も必要量の鋼材は確保できるとしていた。しかし、結局商工省は先の閣議決定実行の一環として、前出の輸出入品等臨時措置法にもとづいて前年秋に制定した鉄鋼工作物築造許可規則を七月一一日に改正して鉄鋼統制をさらに強化し、オリンピック関係者の意見も聴取したものの、結局、主競技場建設に必要な量の鋼材は配給しないこととなった。このため、国際オリンピック委員会から要望された一〇万人規模の主競技場の建設が不可能となった（『幻の東京オリンピック』『東朝』）。

一方、万博のほうも大蔵、商工両省が予定通りの開催か開催延期かを検討しはじめた。大蔵省は東京市の起債請求について、金額を三―四割削減させる方針をとり、商工省は、万博が政府の紀元二六〇〇年奉祝記念事業の一つであり、国際的行事でもあり、すでに万博の名誉総裁に皇族（秩父宮）を戴いていることから、予定通りの開催か、縮小して開催するか、延期するかを七月末までに決定するとした。しかし、すでに入場券を発売していたことから中止という選択は考慮されなかった（『東朝』）。

結局、七月一五日の閣議でオリンピックの返上（当然冬季大会も）、万博の日中戦争終了後までの延期が決定した。閣議終了後、木戸幸一厚相（一九三八年一月、内務省から分離・独立した厚生省の設置後は同省がオリンピックを所管）は、「今や支那事変の推移は長期戦の備えを一層堅くするがために物心両面にわたりますます国家の総力をあげて事変の目的達成に一路邁進するを要する情勢にあるので、ついにこの際オリンピック大会の開催もこれを取り止むる」が、「紀元二六〇〇年には奉祝の熱誠を披瀝して挙国的国民体育大会を開催したい」し、オリンピックも「来たるべき和平の日に再びこれを招致してわが国民の意気を中外に示したい」という談話を発表し、池田成彬《しげあき》蔵相兼商工相も、「今や挙国一致、物心両方面共に総動員して長期戦の態勢を採り聖戦目的の達成に邁進しつつある重大時局に際会したるにより、予定のごとく昭和一五年に本博覧会を開催するも所期の成果をあげがた」いので、「この際本博覧会の開催を延期し、支那事変の見きわめつきたる際、あらためて適当なる時期にこれを開催せしむる」という声明を発表した（『東朝』）。なお、オリンピックの開催地はフィンランドのヘルシンキとなったが、一九三九年九月の第二次世界大戦の勃発により大会そのものが中止となった。

ここで注意したいのは、いずれも「物心両面」の「総動員」を中止、延期の理由としていることである。なぜなら、政府が五輪、万博を返上、延期とした理由が、従来言われていた資材不足や外国の反対だけでなく、長期戦態勢確立を国民にアピールする、つまり国民統合の強化に役立てる意図もあることがわかるからである。それは、前出の鋼材使用制限による建築状況の変化について、井上章一氏が、不要不急の建物を建てなかったり、工事を中断して人目を引くことが国民精神総動員促進の宣伝になると当時一般に認識されていたことを明らかにしていること（『アート・キッチュ・ジャパネスク』）からも裏づけられる。

結局、高度成長の夢を乗せたオリンピックと万博は、日中戦争の長期化が致命傷となって、返上、延期という形で国民統合の強化策の一つへと変化した。なお、政府は万博延期、オリンピック返上の国際的な善後措置として、一九三九年のサンフランシスコとニューヨークの万博への出展を強化し、ヘルシンキ大会への選手派遣を考慮したりしていた（『東朝』）が、日本で行なう国際的事業についての模索も続けられることになる。

なお、この「幻の東京オリンピック」は、一九三九年に、元来この大会に向けてＮＨＫが中心となって日本が独自に開発していたテレビの実用化に成功した（『幻の東京オリンピック』）など話題が多く、現在でもオリンピックが開かれるたびにこの「幻の東京オリンピック」がマスコミを賑わせていることはご存じの方も多いと思う。

また、返上、延期の要因として日中戦争による国際関係の悪化（たとえばボイコットの可能性）が考えられるかどうか気になるところであるが、参考までに、『東朝』にあるオリンピック返上についての各国の反応をみると、ドイツ、イタリアは遺憾の意を示し、北欧諸国（フィンランド、スウェーデン）は歓迎の意を示し、イギリス、アメリカ、フランスの反応も慎重ながら歓迎するというものであった。

ドイツ、イタリアは防共協定を締結しているいわば同盟国であるから残念がるのは当然であり、北欧諸国の場合は開催地あるいはその近隣国であることを考えても歓迎するのは当然である。問題は残りの三国であるが、いずれも大衆レベルで、日中戦争を日本の侵略行為とみなした反日の動きがすでに出始めていた。たとえば、イギリスやフランスでは一月下旬に日本船に対する積荷作業ボイコット事件が起こっており、アメリカでも六月中旬に連邦議会で対日国交断絶決議が議員の間から提出される（以上『東朝』）などの動きが起こっていたのである。当然、イギリス、アメリカ、フランスがボイコットする可能性は十分あった。ただし、それを理由に返上、延期すれば、日中戦争における日本の正当性を否定することになってしまうので、そういう選択はありえなかったはずである。ちなみに、ソ連のアフガニスタン侵攻を理由に日本を含む西側諸国がボイコットした一九八〇年のモスクワオリンピックは、まさにこの構図が現実となったケースである。

こうしてオリンピック、万博の準備はひとまず中止され、組織委や万博の事務局は大幅に縮小され、商工省の万博監理局も一九三九年六月の商工省改組の際廃止された（『東朝』『組織委員会報告書』『万博』『商工政策史』第三巻）。ただし、すでに工事をはじめ、竣工寸前であった東京市芝浦埋立地の自転車競技場（現存せず）と、埼玉県戸田のボートコースは翌年までにできあがり、使用された。自転車競技場の建設にあたっては、市内主要大学の学生三四〇七名を中心とする帝都青年労働奉仕団が作業を担当した（『東京市報告書』）。

さて、政府はさらに、祝典委の答申にもとづいて選定した記念事業以外の紀元二六〇〇年奉祝記念事業を抑制する方針を打ち出した。すなわち、祝典事務局で作成し、七月二一日の次官会議で決定し、八月四日に各省次官や地方長官に通牒された「紀元二六〇〇年奉祝記念事業の調整に関する件」は、「一般に別種の〔つまり政府の六大事業以外の〕奉祝記念事業の企画は極力これを避けしむることとし、その真に必要やむを得ずと認めらるるものにありても時局の関係を考慮し寄付金品募集の方法によるがごときはこれを差し控えしめ、またはきわめて小範囲にのみ限定せしむること」として、各省および道府県、六大都市、およびそれらの管轄下の各種団体が記念事業を実施する場合は祝典事務局と事前に協議すること、各道府県内市町村の記念事業については道府県が調整を行なうことを指示していた（『祝典記録』）。

祝典事務局の調査によれば、すでに前年末の段階で全国で約九〇〇件の記念事業が計画されており（「紀元二千六百年祝典事務局書類」）、しかも祝典事務局の所管事項には一般の記念事業の統制も含まれており、政府の紀元二六〇〇年奉祝会の寄付金募集を効果的に行なうため（寄付金募集が競合しないため）にもいずれなんらかの形でこうした方針が打ち出される可能性はあったが、六月二三日の閣議決定直後に決定されたこと、決定文中に「時局の関係を考慮し」という文言があることから、記念事業の抑制は、オリンピック返上、万博延期と同様、物動計画改訂にともなう一連の動きの一つであることはまちがいない。

さらに、一九三九年七月五日に評議委第二特別委員会で決定し、二四日の総会での決定を経て二八日に首相に出した答申「紀元二六〇〇年祝典実施要綱」の中に「多量の物資および労力を要する事項はこれを避けること」とあることに対応して、政府は七月一九日付で地方長官あてに通牒「地方において起興する紀元二六〇〇年奉祝記念事業の調整に関する件」を出し、「その後の時局の推移に鑑み」

「この種事業の企画ならびに実施については、いやしくも生産力拡充等に必要なる物資および労力の需給調節に支障を来すがごときことこれなきよう十分に御留意あい成りたし」と記念事業の抑制について再度注意を促している。同様の注意が二度もなされたことは、一回目の措置が十分効果をあげなかったことを推測させる。では、実際にはどうであったのか。

5 戦時下でも盛んな全国の奉祝記念事業

まず、全国的な傾向からみてみると、内外の奉祝記念事業（本書では『祝典記録』の分類に従い、同じイベントでも恒久的に成果を残すものを事業、残さないものを行事とする。たとえば、スポーツ関係なら、施設建設は前者であり、競技会は後者となる）で政府に報告があった分（つまり『祝典記録』に登載された分）は約一万五〇〇〇件、経費総額一億六三〇〇万円（一九四二年現在で実施予定分も含む）で、このうち国内各地の記念事業（つまり外地や中央官庁が実施したものを除く）は約一万一〇〇〇件、経費約一億四二五〇万円となり、報告に含まれない後述の宮崎県の電源開発、開墾事業（約三八五〇万円）を合わせると約一億八一〇〇万円となる。これは、一九四〇年度国家予算歳出総額（約五八億六〇〇〇万円）の約三パーセント、経済企画庁推計の同年度の国民総生産額（約二〇八億円）の約〇・九パーセントに相当する金額であり、規模の大きな事業のなかには戦争拡大、戦局悪化の結果、予定通り実施されなかったものが少なくないとはいえ、一つの名目にもとづく記念事業としては、少なくとも敗戦以前では最大級の規模である。

さらにその内訳をみると、明らかに社会資本整備とみなせる教育（学校など）、産業、土木（道、路など）、厚生関係と、自治関係に分類された事業のうち公会堂や「倶楽部および常会場」（現在の公民館に相当）建設、「軍事および警防」の分類のうち防災設備関係と、空襲時の火除地という建前ながら普段は公園としての使用を予定された東京府の大緑地造成計画を含めると、件数にして八〇〇〇件弱、金額にして約一億三一五〇万円と、国内各地の奉祝記念事業全体の三分の二が社会資本整備事業であった。しかも、財源は町村レベルでは住民の寄付金によることが多く、土木工事をともなう場合には住民の勤労奉仕によることが多かった。すなわち、戦時下のきびしい経済統制の状況下における地域の社会資本整備の数少ない機会として、奉祝記念事業が各地で利用されたことがわかる。政府が二度も民間の記念事業抑制を打ち出した原因はこれだったのである。

そしてそれらの建造物や施設は、政府未掌握分も含め、現在でも全国各地に多数残っていると思われる。筆者も、友人に教えてもらったものを含め、東京都、奈良県、後で紹介する宮崎市はもちろん、居住したり旅行したことのある、広島市、山梨県の富士吉田市、長野県の松本市や蓼科《たてしな》などで確認したことがあり、なかには『祝典記録』にないものもあった。皆さんの近所でも、よく探すと見つかるのではないだろうか（とくに学校、神社、墓地、道路など）。以下ではこうした全国的傾向をふまえて、東京、奈良のほか、節を改めて一九三八年の七月に政府の記念事業に宮崎神宮拡張整備事業を追加させた宮崎県の例をみることで、オリンピック返上、万博延期後の状況について考えたい。

奈良県の場合（以下特記以外は『奈良県政七十年史』）は、政府の記念事業抑制方針にもかかわらず、橿原神宮関係の事業はほぼ予定通りの規模で行なわれ、移転を強いられた住民約一万四〇〇〇人が県当局の強引なやり方に反発するなどのトラブルもあったものの（『奈良新聞』一九三九年一月一一日。しかも戦時下なのに住民支持の立場で詳報している）、物資不足によるごく一部の未完工事を残して、一九四〇年一一月一九日に竣工した。そのうち、国から県に委嘱された橿原神宮参拝道路の建設と橿原地区の区画整理、県奉祝会の事業のうち橿原道場建設工事は前述の建国奉仕隊の勤労奉仕によって行なわれた。

この建国奉仕隊には、一九三九年一一月二六日の解散までにのべ約一二一万四〇〇〇人という例をみない規模の人員が参加した。ただし、その九割は関西地方の人々であり、また職業別ではいわゆる青少年が全体の三分の一強を占めている（『奈良県の百年』）。こうした状況には、これらの事業が大阪朝日新聞社の記念事業でもあるという一面が如実に反映している。そして、こうした工事の結果整備拡張された橿原神宮には一九四〇年一年でのべ約二〇〇〇万人弱（一九三七年の県による祝典当年の観光客推定数の二倍）、実数で約八〇〇万人強の人々が訪れた。当然それによる県経済への効果は多大であったはずであるし（一九四〇年度から税制が変わって営業税が細分化されたため、第三章8で用いた課税の基準となる営業収益が単純に前年度と比較できず、具体的には効果を検証できない）、橿原神宮と大阪を結ぶ大阪鉄道（現近畿日本鉄道東大阪線）は破産寸前であったが、紀元二六〇〇年のために大幅な増収となり、一九四〇年度に四分配当を復活した（同右）。すなわち、奈良県に関しては、予定した記念事業をほぼ実現した上、観光立県という県内の期待をほぼ満たすだけでなく、さらなる経済効果ももたらしたのである。

次に、模索が繰り返された例として東京市の場合をみておこう（以下特記以外は『東京市紀元二千六百年奉祝記念事業志』）。東京市紀元二六〇〇年記念事業部でオリンピック、万博の代案について検討の結果、一九三八年一二月一二日に市首脳部の会議で宮城（皇居）外苑整備事業、新東亜建設大展覧会、新東亜建設大会、市民体力増強計画の四つを決定、市会も二三日に事実上この方針を支持する建議を議決し、市当局は関係各省と交渉の上、翌一九三九年四月に市の記念事業として公表した（『東朝』四月一日朝刊）。

このうち、宮城外苑整備（経費二五〇万円）は、宮城前に一〇万人収容の大広場を建設する計画で、工事は市民の勤労奉仕隊として東京市肇国奉仕隊を組織して行なうこととされた。勤労奉仕隊という発想には橿原神宮の建国奉仕隊の影響がうかがえる。展覧会は、「東亜新秩序、新協同体制の目的内容」の「把握」を目的とし、予算規模一五〇万円と万博の三〇分の一の規模であるが、肇国館をはじめ一二の展示館をもち、期間三ヵ月で観覧客四〇〇万人を見込むなど、事実上の博覧会であった。体力増強計画（経費一五〇〇万円）は、市民の厚生施設としてだけでなく、オリンピック再招致の「基礎」として各種の体育施設を建設する計画であった。すなわち、オリンピックや万博の余韻を色濃く残した計画であった。そして市は同月一四日に市会議員を中心とする東京市記念事業委員会を設置して計画の具体化に入った。

しかし、これらの計画は宮城外苑整備と新東亜建設大会を除いて暗礁に乗り上げてしまった。展覧会については、内務省地方局が「全国的に博覧会類似の事業を許可しない」方針をとっていたため絶対反対であり、体力増強計画についても建設資材不足のため縮小せざるをえなくなった（『東朝』九月二六日朝刊）。その結果同年一一月には展覧会計画は放棄され、体育施設建設計画も縮小（のち放棄）され、代案として記念事業委では図書館を含む総合文化施設（紀元二六〇〇年記念大東文化中央会館）の建設も模索されたが、物資統制の壁は厚く、結局は宮城外苑整備と新東亜建設大会の開催を中心事業とする方向に収束していったのである。

このうち、外苑整備事業についてはすでに都市公園整備の好例としてすでに研究があり、それによると、実施計画は、市長を会長とし、学識経験者と関係官で組織する紀元二六〇〇年記念宮城外苑整備事業審議委員会によって経費約一二〇〇万円で作成され、一九三九年一一月から工事が始まり、主にのべ四九万人の勤労奉仕によって一九四三年七月の工事中断までに計画の七七パーセントが完成した。これが現在の皇居前広場の原型となっている（『東京都市計画物語』）。

また、新東亜建設東京大会は、「東亜新秩序建設の大目的達成のため」、日本、満州国、汪兆銘政権（中国の親日政権）の「各層代表者」を集め、「協議懇談の機会をつくるとともに、都下視察見学の便をはかり」、「民族の親善融和、興亜協力」のため開催され、具体的には、ジャーナリスト、官民代表、教育者、青少年などの会合を一九四〇年一一月までに実施した。要するに一種の国際会議を行なったわけだが、「都下視察見学」をさせているところに東京市主催であることの特色が出ている。東京の存在を広くアジアにアピールしようということであろうか。

結局、東京市の計画は日中戦争勃発前後で大きく変化した。すなわち、経済的利益の追求は影を潜め、宮城外苑整備の都市公園整備という面などに日中戦争勃発以前からのもう一つの流れである社会資本整備の流れの片鱗をみせるにとどまったのである。

6　宮崎県の場合―辣腕知事の活躍

次に紀元二六〇〇年奉祝の動きを利用して、全国でも有数の規模で地域経済の振興に乗り出すことに成功した例として宮崎県についてみてみよう。筆者が調べた限り、一九三二年一二月一日の県会の質疑の中で県として用意があるか否かが問題となった（『宮崎県会史』第六編）のが、宮崎県における紀元二六〇〇年奉祝に関する議論の最初である。これは東京、奈良の動きに次ぐ早さである。その理由は、その際の議員の発言の中に、「大帝御発祥の地たるわが日向、宮崎神宮御鎮座のわが宮崎県民」とあるように、神武天皇をめぐる建国伝承に関係が深いという認識による。というのも、建国神話では神武天皇はここから東征に出発したとされるからである。なお、宮崎神宮は橿原神宮と同じく神武天皇を祭神としているが、近代になってから創建された橿原神宮の場合とは違い、神武天皇社として古くからあった神社で、一八八五（明治一八）年に官幣大社宮崎宮となり、一九一三（大正二）年に宮崎神宮と改称された神社である（『神武天皇論　宮崎神宮史』）。

また、注目すべきは、この発言の動機は、「更生運動の目標として」となっており、観光客集客ではなく、恐慌克服のための県民の精神教化の一手段としての面が注目されていたことがわかる。ただし、この時点では県側はなんの構想も意欲も示していない。

その後宮崎神宮自身は橿原神宮と連絡をとりつつ独自に記念事業の構想（境内の拡張整備、体育施設の設置）を練っていた（『宮崎新聞』一九三三年九月一三日朝刊）が、県政界がこの問題に積極的にかかわりはじめたのは、一九三五年一〇月に内閣に準備委が設置されてからのことで、県会、県知事、宮崎市議会などから準備委に意見書の提出や陳情活動が行なわれるようになり（「紀元二千六百年祝典準備委員会書類」）、一九三六年七月に評議委が設置されて政府の記念事業選定が本格化すると、県でも具体的な奉祝記念事業計画を作成して中央にはたらきかけた。この計画は、宮崎神宮拡張整備計画を中心とし、日向聖蹟（宮崎県内の「天孫降臨」関連の史蹟）の顕彰、上代日向研究所（古代の宮崎を研究する）の設置などが主に掲げられていた（「紀元二千六百年祝典評議委員会書類」）。しかし、評議委は、一九三四年一〇月に宮崎神宮を中心に全国の神社で、即位前の神武天皇が日向国（宮崎）から大和国（奈良）に出発して二六〇〇年たったという伝承を記念する神武天皇御東遷二六〇〇年祭を行なった際、寄付金などによって宮崎神宮境内整備が行なわれた（『皇国時報』一九三四年一〇月一日、一一日、『神武天皇論　宮崎神宮史』）ばかりであるとして、記念事業に採用しないことを一九三六年一一月にいったん決定した（「紀元二千六百年祝典評議委員会書類」）。

なお、一九三六年一二月の県会では、東京でのオリンピック開催決定をうけて、聖火リレー出発地の宮崎誘致が提案された。その理由は、それによって「皇国発祥の地」としての宮崎県を内外に認識させることができ、「本県開発の上には非常なる偉大なる効果をもたらす」というものであった。これは外国人も含めた観光客誘致を含意していると判断できる提案であり、しかも東京の動向が影響を及ぼしている点で注目に値する。しかしこれに対し三島誠也知事は、聖火リレーの出発点がアテネ以外となることを「外国人にうまくわからせていく途があるかどうかは将来問題じゃないかと思います」と述べて、誘致に消極的な意向を示し（『宮崎県会史』第六編）、組織委でも本格的に検討されるには至らなかった。

しかし、三七年七月七日に相川勝六《かつろく》の知事就任後事態は急展開する。九月の臨時県会において、以前から懸案であった小丸《おまる》川流域の県営水力発電所建設（四ヵ所、経費約三五六〇万円）と下流の開墾計画（一五〇〇町歩開墾、経費総額三五〇万円、うち県費約四七万円、それ以外は国費）を紀元二六〇〇年を期して実現するという首相あての意見書が採択され、以後この河川開発と県の奉祝記念事業計画が、紀元二六〇〇年記念造林計画も加え、一体の計画として実現に向けて運動が行なわれることとなった。このうち電源開発は、工業誘致をはかり、県経済の拡大をはかることが目的とされていた（『宮崎県会史』第七編、『宮崎県経済史』）。

以後、県会や知事の政府に対する運動が行なわれ、評議委でも一〇月下旬の会議で大分県選出で政友会所属の代議士であった金光庸夫《かなみつつねお》委員が宮崎県の事業計画の採用を強く求めるに至った。これに対し祝典事務局は今度は検討の余地があるとの態度を示し、特別委員会を設置して審議の末、一九三八年七月一日の評議委総会で「紀元二六〇〇年奉祝記念事業追加ニ関スル件『宮崎神宮境域拡張整備計画』」が議決され、宮崎神宮整備拡張の一部が予備費から予算三六万円で政府の事業となり（『祝典記録』）、その他の宮崎県の計画は県の事業となり、県では事業遂行の中心として一〇月に紀元二六〇〇年宮崎県奉祝会を設置した（『宮崎県政八十年史』下）。また、これに先立ち河川開発についても県側の猛運動の結果、二月中旬に発電所建設資金用の県債の起債が内務省から許可された（『宮崎新聞』二月一九日夕刊）。ちょうどこの時、政府が帝国議会に発電事業を国家管理とする電力国家管理関係法案を提出し、審議中であったことを考えると、きわめて異例の措置である。

この間の事情は、当時の相川の側近であった県職員の回想によると、相川は陳情にあたり、「神武天皇は四五の年まで宮崎にいて、それから大和で即位された」「宮崎県民の祖先が忠誠を尽くして、あの大事業はやりとげられた。ところがその後裔の県民は台風被害などで疲弊している」「小丸川一本を宮崎県に任せてくれるなら、神武天皇に忠誠を尽くした者の後裔は大いに助かる」という趣旨の理由書を書いたところ、「そうか」と認可になったという（『「昭和」聞き語り』）。この回想の意味するところは、要するに、相川は積極的に紀元二六〇〇年の名目を宮崎の利点を生かして使おうとしたということである。

そして、これら一連の工事と、これも相川の発案で県の奉祝記念事業の一環として建設され、現在でも宮崎市の平和台公園に威容をみせている「八紘之基柱」（高さ約四〇メートルの石碑）の建設には、相川によって県内の青少年を中心に一九三七年末に結成され、勤労奉仕による県内の増産運動を行なっていた祖国振興隊が中心的な役割を果たした（『宮崎県の百年』）。なお、「八紘之基柱」建設には大阪毎日新聞社が大々的な協賛を行なっていたが、これが大阪朝日の橿原神宮関係事業への協賛に対抗したためであることは明らかである。

もちろん、県内には鉄道、道路の整備など、紀元二六〇〇年奉祝に関連する観光客増加を期待する動きもあった（『宮崎県会史』第七編）が、結果的にはそうした面はほとんど顧みられなかった。その理由は県の立地条件にあると思われる。宮崎県は「天孫降臨」の地として観光資源には恵まれていたものの、大都市から遠く、交通も不便なため、観光を県産業の重要な柱とすることができなかったのである。だから、宮崎神宮拡張整備や「八紘之基柱」(「八紘」とはもちろん「八紘一宇」からとった言葉である)の建設など狭義の奉祝記念事業に期待されたのは、観光資源の創出ではなく、『宮崎県の百年』で指摘されたように、河川開発など、経済開発事業への県民の動員促進の一手段として県民意識の高揚をはかることであった。つまり、相川は、戦時下という状況を神武天皇聖地の一つという宮崎の利点を生かすことで克服し、県民の教化と経済開発を見事なまでに両立させたのである。

このように、宮崎県の動きには相川知事の存在が大きいことがわかるが、相川とはいかなる人物であったのか。相川は一八九一年佐賀県生まれ。警察官僚として辣腕をふるい、政党政治の弊害(私利私欲を優先した不公平な政治)の是正を掲げた新官僚グループのリーダー格であった後藤文夫内相によって、一九三四年には内務省警保局保安課長に抜擢され、上司の唐沢俊樹警保局長と後藤の寵を競う存在であったが、二・二六事件勃発の責任を後藤や唐沢とともに取る形で朝鮮総督府に左遷され(「二・二六事件前後の内務官僚」)、一九三七年七月、宮崎県知事として内地に復帰した。

相川はきわめて有能な官僚であるとともに、出世欲(といって悪ければ国家に貢献することで自分を生かしたい気持ち)が大変強い人物であったらしい。それは保安課長時代の先のエピソードや、のち太平洋戦争中の人物評(『人物通信』)で、

彼は、宮崎県知事時代、特異な行政を施策して男をあげた。政党の対立を中央に先んじて解消せしめたし、神域を荘厳にして惟神《かんながら》の道を明らかにした。人は「多少神がかりではないであろう

か」といったが、彼、根はうんと利発ものだ。たとえ、惟神の道をひたぶるに説こうとも、それは行政官として民心把握を意図してなされたもので、決して狂神に走る脱線家ではなく、ちゃんと行政官の領域を逸脱しないのである。

と評されていることからも推測しうる。すなわち、宮崎県知事は知事ポストのなかでは決して良いほうではないとされていたため、まだ出世コースに復帰したわけではなく、そのチャンスが与えられたに過ぎなかった。当然相川にとって県知事は出世コース復帰へのステップであった。そこで顕著な業績をあげればまただれかが注目してくれることになるからである。ちなみに、今の引用の「政党の対立を中央に先んじて解消」とは、一九三七年一二月に県議会の政党会派を解消させ、「宮崎県振興会」に一本化したことをさす。県会の党派消滅は全国でも初めてのことであり、中央の急進的な官僚、軍人、政治家たちの動きを敏感に感じ取った結果と考えられる。

おそらくはこうした努力が報われたのであろう、一九三九年九月以後、広島県知事、愛知県知事と実績を重ねつつ昇進し、一時大政翼賛会実践局長に出向したあと、愛媛県知事になると同時に、事実上四国の地方行政の総責任者として一九四三年七月に設置された、四国地方行政協議会会長となり、一九四五年二月には小磯国昭内閣の厚生大臣として入閣を果たす。彼と同期の文官高等試験合格者で敗戦前に大臣になれたのは、東条英機内閣で商工相をつとめ、戦後首相となった岸信介だけであることと（『戦前期日本官僚制の制度・組織・人事』）を考えれば、その奮闘ぶりがわかる。そして、相川にとって事実上出世コース復帰をかけた宮崎県知事時代の意気込みは、結果的に県民にも大きな印象を残した。相川は佐賀県出身でありながら、戦後宮崎県から代議士に立ち、平和台公園の入口には現在も銅像が立っているのである。

なお、これらの事業のうち、国および県奉祝会の事業である宮崎神宮拡張整備はほぼ計画どおり実施され、一九四〇年一一月二五日に竣工式が行なわれた（『祝典記録』）。また上代日向研究所も開設されたが戦局悪化でほどなく閉鎖となった。河川開発は、一部の発電所が完成して送電を開始したが、それ以外は造林事業とともに未完のまま敗戦となった（『宮崎県経済史』）。ただし、工業誘致は盛んで、太平洋戦争期にかけて多数の軍需産業の工場が県内に進出している（『宮崎県の百年』）が、それを可能にしたのが相川の始めた電源開発であったことはまちがいない。

以上みたように、紀元二六〇〇年を名目にした地域の利益追求は、市町村のような住民に密着したレベルだけでなく、条件がそろえば県レベルでもみられたのである。

7　政府の方針転換―国民精神総動員運動への活用

以上みてきたように政府は紀元二六〇〇年奉祝の動きを国民統合に積極的に利用できなかったわけだが、再びその利用を企てることになる。すなわち、一九三九年三月二八日に平沼騏一郎内閣に設置された国民精神総動員委員会が四月七日に決定し、一一日に閣議決定となった「国民精神総動員運動新展開の基本方針」の最後に「各方面において来るべき紀元二六〇〇年を期とし、今後一年間に実現すべき具体目標を掲げてこれに全力を注ぐべき」（以下、特記しない限り『資料日本現代史』一〇）と、運動強化のため紀元二六〇〇年という名目を活用するとされた。「一年間」うんぬんとは、精動委員会での委員と政府側の質疑内容から、今後目標を設定し、一九四〇年一年間に実現させるという意味であるとわかる。

さらに、同委員会は一二月七日に「昭和一五年における国民精神総動員運動実施方針」を決定した。これは先の決定を敷衍したもので、その内容は、「支那事変の処理と国際情勢の転移とをめぐって帝国国運の隆替を決する重大なる時機に直面し、国民の日常生活には一段の困難の加わるべきことが予想せらるる」上、「あたかも光輝ある紀元二六〇〇年に相当するをもって」「いよいよ強力日本態勢の強化を図」るべきであるとして、⑴「東亜新秩序建設の世界史的意義」への「国民の認識を一層深める」、⑵「戦時重大時局の真義を忘却せる非国民的行為の潜行および一切の不健全現象を根絶」、⑶「公私生活の全面的かつ徹底的刷新」、⑷「国論の統一強化」、⑸「事変の長期化にともない銃後の熱意漸次減退するおそれある」ので、「一層これに対する国民の関心を深め」る、⑹精動の「実践網を整備強化」、⑺「都市における国民精神総動員の実績はいまだ不十分」なので「徹底対策を講ずる」、などとなっていた。つまり、戦争遂行のための消費節約、勤労促進を国民に徹底させることをねらって始められた精動が十分成果をあげられず、その不振挽回のため紀元二六〇〇年をスローガンに利用しようとしていたことがわかる。

不振の理由だが、史料では潜在的可能性として出てくるが、日中戦争の長期化があった。当初は半年とか一年と思われていた戦争が二年を超え、しかも終息の気配をみせていなかったのであるから、当然のことではある。しかも精動自体、形式的にはともかく、実質的には内務省や文部省が中心の官僚的な運動であったため、その不徹底さや形式主義的傾向から不評を買っていたのである。

しかし問題はもっと深いところにあった。戦争協力の動機づけに関して官民にズレがあったのである。政府は、日中戦争における日本の正当性（侵略ではないこと）をアピールするため、早くからこの戦争を「聖戦」と意義づけていただけでなく、中国に親日政権を樹立することで戦争終結に持ち込もうとして、一九三八年秋のいわゆる「東亜新秩序声明」で戦争の目的を領土や賠償金ではなく、「東亜新秩序の建設」とした。しかし、一九三九年に入っても欧米各地で反日の動きが続いたこと（『東朝』）からわかるように、国際社会の批判を封じることができなかっただけでなく、国民のなかにも強い異論が存在した。

すなわち、それなりの犠牲を払う戦争なのだから、当然勝った上で、相手から領土や賠償金、各種の特権などの利益を求めて当然であり、政府の方針は理解不能である、あるいは納得できないという意見である。全体に、戦争から利益を得ようとする傾向は軍需産業関係者だけでなく出征兵士や広く国民一般にもみられ、一攫千金を求めて中国の日本占領地に向かい、暴利をむさぼって住民から顰《ひん》蹙《しゅく》を買う人々に軍が苦慮するほどであった（『草の根のファシズム』『陸軍将校の教育社会史』）。

こうした状況に対し、時の第一次近衛文麿内閣は早くから国民の意識革命とそのための政治変革（「革新」）を必要と考え、そのために一九三八年夏に国民全体を組織化する全体主義的な政治団体の創設を企んだが、さまざまな政治勢力の参入によって失敗し（『近衛新体制』）、「東亜新秩序声明」以後精動がその役割をになうことが求められた結果、一二月の決定となったのである。

こうした動向は紀元二六〇〇年奉祝のスケジュールにも影響を及ぼした。評議委では一九三九年四月二四日の幹事会（関係官の会議）で式典の日程案を作成したが、その際、歌田祝典事務局長は、本来は二月一一日の紀元節が祝典の実施日としてふさわしいが、「種々の関係よりこの日は不適当」として、大正天皇、昭和天皇の大礼（即位式）の日どりであった一一月一〇日を提案し、了承を得ている。「種々の関係」とあいまいな表現であるのが少々気になるが、すでに「国民精神総動員運動新展開の基本方針」が閣議決定されているので、「種々の関係」とは精動の方針であることはほぼまちがいない。つまり、「国民精神総動員運動新展開の基本方針」の実現を支援するためには、二月に式典が終わってしまうのは早すぎるということであろう。

さらに、政府はきわめて強力な宣伝方針を打ち出した。祝典事務局が同年九月一二日に内閣情報部紀元二六〇〇年部会に提出し、協議の上決定された「紀元二六〇〇年宣伝要領」がそれである。その趣旨は、一九四〇年一月一日以後各種の手段によって「紀元二六〇〇年の意義を宣伝する」ことで、具体的には、「一般新聞雑誌」については、同年中に発行する号には「紀元二六〇〇年の意義を闡明《せんめい》〔あきらかに〕する」記事を掲載し、とくに新聞では正月、紀元節、祝典実施日（一一月一〇日）、雑誌では、一月、二月、一一月の各号は「特別の考慮を払う」とされ、「教化雑誌」（青年団、在郷軍人会のような「教化団体」が発行する雑誌）については、一月、二月、一一月の各号では必ず「紀元二六〇〇年の意義を闡明する」記事や画像を掲載したり付録を付けることとされた。次にラジオについては、元旦に国内および海外向けに首相または大臣による特別放送を行ない、以後各種の関連番組を放送することとされ、「興行」に関しては、劇場、映画館、娯楽場で「紀元二六〇〇年の意義を闡明する」音楽を流したり装飾を行なうこととされた。さらに商店については、一月、二月、一一月の店頭装飾は「紀元二六〇〇年奉祝の意味を表現」したものとし、書店、図書館では関係図書の特設コーナーの設置を行なうこととし、博物館、美術館でも展示コーナーの設置や、場合によっては特別展覧会の開催を行なうこととした。そして官庁については、現業機関（逓信省、大蔵省、鉄道省）の記念切手、切符、債券等の発行、内務省の皇室関係出版物の検閲強化などが盛り込まれていた（『祝典記録』）。このほとんどが指示通り実施されたとみられる。

ちなみに、公式の「紀元二六〇〇年の意義を闡明する」音楽として、奉祝会が制定した曲に、「紀元二千六百年頌歌」（東京音楽学校作曲、一九三八年四月制定）と、詞も曲も公募選定した国民歌「紀元

創建当時の橿原神宮（『橿原神宮史』巻一）

二千六百年」（作詞増田好生、作曲森義八郎、一九三九年一二月制定）があった。選考委員には当時の一流の文学者、音楽家が名を連ね、詞の公募には一万八〇〇〇余の応募があったという。前者は荘重な儀式向けの曲であったが、後者は軽快な行進曲のリズムで歌われる流行歌風の音楽で、レコード会社（コロムビア）もスター歌手（藤山一郎、霧島昇、二葉あき子、渡辺はま子など）を起用してレコードを発売したので、一般にはこちらのほうが馴染まれていた。「金鵄輝く日本の」からはじまり、「紀元は二六〇〇年、ああ一億の胸は鳴る」と歌われるこの歌は、昭和ヒトケタ世代（一九三〇年前後生まれ）の方々は大抵何も見ずに歌えるはずとされるが（山中恒『ボクラ少国民』）、私自身そういう方に何人かお目にかかったことがある。

さらに、一九四〇年の元旦や紀元節には、官公庁、学校、地域、職場で祝賀式を行なうとともに、これらに参加できない人々のために「国民奉祝の時間」を設け、ラジオ放送に合わせて皇居遥拝（皇居の方向を向いて拝礼すること）をさせることとなった。つまり、究極の皇室ブランドたる紀元二六〇〇年という名目は、国家の施策という面で見る限り、結局国民統合に大きな比重を占める形での利用がめざされたのである。ただし、この措置は、神社や宮中の神道儀式が加わっている以外は、政府が精動を開始して以後、元旦や紀元節など、祝祭日や日中戦争にかかわる記念日に国民に実施を求めてきたものと内容はほぼ同一であることは注意しておきたい。

しかし、施策が決定し、国民に通知されたとしてその通り実行されたとは限らないし、動員され、参加したことイコール「洗脳」と考えるのも早計である。読者の皆さんも内心はいやでも所属する組織の指示でセレモニーに駆り出された経験が一度や二度はおありであろう。紀元二六〇〇年の場合そうした可能性はないのか。次章で探ってみたい。

なお、一九四〇年二月一〇日に、日本古代史家の早稲田大学教授津田左右吉の『古事記及日本書紀の研究』他著書三冊が内務省によって発売禁止処分となり、翌月には津田と出版社主岩波茂雄が出版法違反容疑で起訴されるという事件が起こっている。これは戦前・戦時の思想弾圧の例としてもよく知られている事件で、先ほどの皇室関係出版物の検閲強化と関連づけたくなるのであるが、この場合は、天皇機関説事件でも活躍した蓑田胸喜《みのだむねき》（国士館専門学校教授）のキャンペーンがきっかけであり、内務省が自主的に発禁にしたわけではない（『現代史資料』四二）。

第五章　「紀元は二六〇〇年」

1　のべ五〇〇〇万人が参加

こうして迎えた一九四〇（昭和一五）年は「紀元二六〇〇年」に明け暮れた年とされている。実際政府に報告があった（つまり『祝典記録』に登載された）奉祝記念行事（ただし一九四〇年以外の年に実施された行事も若干あり）だけで一万二八二二件（うち内地が一万八四〇件）、のべ四九四二万三九六三人（うち内地が四三九三万七一四三人）が参加したことになっている（ちなみに所要経費は計九五四万円あまり）。後述の建国祭関係の行事の分がまったく重複していないとすれば、二万二七〇〇件あまり、六三六八万人あまりとなる。ではその実態はどうだったのか。本章では、ここまでの話の流れとの関係から、政府や中央の奉祝会が主催し、多数の人々が参加したり、大々的に報道された行事を中心にみていこう。

政府の公式記録では、一九四〇年の元旦には伊勢神宮や橿原神宮をはじめとする各神社には例年になく多くの初詣客がつめかけ、皇居前広場にも多くの人がつめかけて「君が代」の大合唱が起こっただけでなく、政府の指示に従い、午前九時の国民奉祝の時間には「帝国臣民のある所ひとしく宮城〔皇居のこと〕を遥拝し、聖寿の万歳〔皇統が末長く続くこと〕を奉唱した」し、奉祝式も各所で行なわれたとされ、紀元節も、神社参拝が昼間となった以外は同様の状況であったとされる（『天業奉頌』）。神社参拝者の増加は前章の奈良の事例があることから事実と考えられるが、儀式関係のほうは違う。政府に報告のあった新年奉祝式と祝賀行事はわずかに九六件、参加人員一二万人弱、紀元節のそれも二四八件、八五万五〇〇〇人余となっている。ただし、紀元節については、第三章の１に出てきた建国祭関連の行事が多数行なわれている。

すなわち（以下『祝典記録』）、建国祭本部は一九三八年一〇月の役員総会で紀元二六〇〇年建国祭委員長（永田秀次郎）、常任相談役（後藤文夫、丸山鶴吉、いずれも内務官僚ＯＢ）以下の役員を決定し、行事計画を立案した。その上で同年一二月に右の役員のほか、関係官庁担当者も含めて紀元二六〇〇年建国祭準備委員会を作って協議の結果、一九四〇年の紀元節行事に関して、「国民大衆運動ならびに行事は建国祭本部において担当」と決定した。その後建国祭本部では「六大都市関係者」とも協議して準備を進めた。建国祭本部が一九三九年一〇月二九日に各自治体や教化団体、神社、言論機関などに通知した、「紀元二六〇〇年建国祭奉祝行事ならびに勧奨事項」では、とくに市町村、学校に対し、「勧奨事項」として奨励すべき行事を詳細にあげている。

建国祭本部関連の行事としては、富士山頂での式典以外は東京市内各所で、式典、スポーツ大会、展覧会、学芸会などが行なわれた。なかでも式典に関しては、各所での式典後宮城前広場に行進して集合し、その人数は一〇万人に及んだという。その他、建国祭本部実施行事のスタイルにならって、道府県や市町村が主催する建国祭行事が各地で行なわれた。『祝典記録』によれば、行事数九八九七、実施箇所五万五二七〇、参加人員一四二六万人弱となっている。ただし、行事別にみると、式典の一万二三五〇ヵ所、講演・講話会の九七〇三ヵ所、旗行列の七五二一ヵ所、展覧会の六〇四五ヵ所、学芸会の五五二七ヵ所がベストファイブで、建国祭本部の通知に沿った形となっている（いずれも『祝典記録』の奉祝行事の統計には含まれていないようである）。

全体の半分を占める上位五種の行事がいずれも、明らかに自治体や学校による、住民、生徒・学生の動員によって行なわれた行事であり、それ以外もおおむね建国祭本部の「勧奨事項」に沿った形となっていることから、建国祭関連の行事は全体としてきわめて形式的なものであったといえる。当然人々の印象にも残っていないようである。なぜなら、一一月の政府の記念式典の時は後でふれるように、状況を知る手がかりとなる同時代人の日記や回想が残されているのに対し、建国祭のそれは具体的なものがみられないのである。

また、奉祝会は国民に紀元二六〇〇年をアピールするために二つの展覧会を実施した（『祝典記録』）。一つ目は一九三九年四月の東京を皮切りに一九四〇年五月まで各地を巡回していた「紀元二六〇〇年奉賛展覧会」である。これは建国精神を国民に認識させるため、二六〇〇年にわたるとされる日本の歴史を、ジオラマや名宝（ただし多くは複製）、横山大観ほか有名日本画家に委嘱した歴史画で展示した企画である。その巡回状況は、東京（高島屋日本橋店、入場者一〇〇万人）、大阪（高島屋、六〇万人）、京都（高島屋、三〇万人）、福岡（玉屋百貨店、五〇万人）、鹿児島（山形屋百貨店、四〇万人）、名古屋（松坂屋本店、八〇万人）、札幌（今井百貨店、三〇万人）、広島（福屋百貨店、二五万人）、静岡（一九四〇年一月の大火で中止）、京城（漢城に対する日本側の呼称、現ソウル、丁字屋百貨店、二五万七〇〇〇人）、新京（現長春、宝山デパート、以下入場者数データなし）、奉天（現瀋陽、市公会堂）、大連（三越）で、公称四四〇万人以上が見た計算になる。

しかし、東京の場合、祝典事務局を通じて学校参観を奨励し、折から行なわれていた靖国神社臨時大祭参列者（戦没軍人遺族）を招待するなどの措置を行なったことや、ソウルの場合も学校参観が多かったことが『祝典記録』に記されていることから、全体として、多くの国民が熱心に自発的に見にいったのではなく、動員されたケースが少なくなかったと考えられる。

こうした状況は二つ目の「紀元二六〇〇年奉祝展覧会」でも同じである。これも「国民的自覚と感激を深からしめ」るために一九四〇年一月にまず東京で開かれた。これは六テーマを七つのデパートで同時開催するという前代未聞の企画であった。すなわち、松坂屋上野店が「我等の生活（歴史部）」、同銀座店が「我等の生活（新生活部）」、松屋が「我等の精神」、白木屋（現東急百貨店日本橋店）が「我等の国土」、三越（本店）が「我等の祖先」、高島屋（日本橋店）が「我等の皇軍」、伊勢丹が「我等の新天地」で、公称でのべ四九七万三〇〇〇人が入場したとされるが、この場合も「議員団・満州国視察団・公共団体・白衣勇士〔傷病兵のこと〕軍人部隊」や学校の団体参観といった方法による動員が行なわれたと『祝典記録』にあり、おそらく入場者の多くはそうした動員方法によると思われる。さらに、この展覧会は四月に大阪でも行なわれた。心斎橋十合《そごう》（現そごう）が「我等の精神」、難波高島屋が「我等の皇軍」、高麗橋三越が「我等の祖先」であったが、やはり学校の団体参観が行なわれたものの、なんと『祝典記録』には入場者数の記載がない。おそらく、記載するには恥ずかしい実績であったためと思われる。

では、一般国民はどのように新年を迎えたのだろうか。まず、新聞、一般雑誌からうかがってみよう。新聞では、一九三九年末には「珍妙・楽壇人のトクトウ〔禿頭〕コンクール　光輝二六〇〇年の催し」と題して、山田耕筰はじめ音楽界の頭自慢四人（山田のほか、作曲家小松耕輔、海軍軍楽隊楽長内藤清五、新交響楽団員小森宗太郎）が頭の輝き具合を競うというふざけた企画を紹介する記事（『国民新聞』一二月五日朝刊。ちなみにこの企画が実行された形跡はない）もあるが、正月三が日の記事や論説は政府の宣伝方針におおむね沿った、まじめでしかも紀元二六〇〇年にちなんだ内容が多い。広告も紀元二六〇〇年にちなんだデザインが多く、それは遊廓の広告にまで徹底している。息抜きのための読み物さえ、元旦の『国民新聞』に載った、エノケン・ロッパ（榎本健一・古川緑波《ロッパ》）の「辰歳漫才」のように、ロッパ「聖戦第四年の春です」、エノケン「早いもんですねえ」、ロッパ「しかも紀元二六〇〇年」、エノケン「二六〇〇年」、ロッパ「西暦で一九四〇年」、エノケン「僕は荏原の五三七三番」、ロッパ「電話みたいなことをいうな」、エノケン「オホホホホ」と、かなり苦しまぎれのギャグを入れているほどである。

ちなみに、ファッション界はもっと積極的で商魂たくましい。婦人物でも、和服について、古代から当時に至る工芸美術品から模様をとった生地が流行するとされている（『都』一月五日）し、紳士物では、ネクタイについて、古代から当時に至る「国粋的な特徴や事件を図案化」し、明るい色調でまとめた「二六〇〇年調」が新春の傾向とされている（同一月一七日）。つまり、紀元二六〇〇年が流行に取り入れられていたのである。ただし、いずれも物資統制のため使える色が限られると指摘されているところに戦時下を感じさせる。

ところが、一般雑誌は少し違う。当時の一般向け雑誌は講談社のものが圧倒的に多く、『キング』、『富士』、『現代』、『婦人倶楽部』などがあり、他社では『文藝春秋』『オール讀物』（以上文藝春秋社）、『婦人公論』（中央公論社）などもあった。そして今と同様、新年号の広告は一二月の新聞に、二月号の広告は一月の新聞に載っているが、いずれにも共通する特徴は、紀元二六〇〇年関連の企画は一本か二本で、しかも広告では小さく隅に追いやられていることである。しかも『オール讀物』の二月号の新聞広告では、スキーをする西洋人美女がニッコリ笑ったカットが大きく入っている。当然のことであるが、読者は気晴らしのためにこうした雑誌を買うのであって、紀元二六〇〇年関連のお堅い記事を読むためではない。婦人雑誌以外の雑誌で出征兵士への慰問品としても適している旨のコピーやカットの入った広告が数種あることはそのなによりの証明である。そこで、営利企業としての出版社は政府の指示を形式的に守ることで読者の要求に応えたのである。もっとも、前章でみた政府の指示の内容(「考慮を払う」程度でよい)から考えて、政府もそれぐらいは見越していたとは思われるが。

さらに、東京の正月興行の新聞広告を見ても、紀元二六〇〇年関連のものは、淡谷のり子、二葉あき子らが出演する浅草常盤座のショウ「皇紀二六〇〇年大放送」ぐらいである。松竹の場合、邦画は上原謙主演の「新妻問答」、洋画はアメリカ映画「ターザンの猛襲」といった調子であった。要するに国民は自発的に熱心に奉祝していたかどうか疑わしいのである。そして、こうした傾向は奉祝会の大型イベントにも影響を及ぼした。

2 東亜競技大会—アジアへのアピール

そのイベントとは東亜競技大会である。オリンピックの中止にともない、その国内的な代替策として、明治神宮外苑で毎年行なわれてきた明治神宮国民体育大会(現在の国民体育大会の前身)を一九四〇年はとくに奉祝大会として規模を拡大したが、さらに日本で開催する国際的なスポーツ大会への模索が、東京市とともに東京オリンピックの推進母体であった大日本体育協会(以下、体協と略記)によって行なわれた。その結果、アジア地域のスポーツ大会として東亜競技大会が企画されたのである。

この種の企画には前例があった。一九三九年九月に新京（現長春）で行なわれた日満華交歓競技大会（この場合の「華」とは日本が同年に擁立した汪兆銘政権）と、一九一三―三四年に、日本、フィリピン、中華民国の持ち回りで九回の大会を行なった極東選手権競技大会である。池井優氏によれば、この大会は一九一三年にフィリピンのＹＭＣＡの主唱により、日本、フィリピン、中華民国のアマチュアスポーツ関係者によって極東体育協会を組織して始められた（第一回は「極東オリンピック大会」という呼称で行なわれた）。大会は二年ごと（のち経費軽減のため第九回大会は前回から三年後、以後四年ごと）に三国の持ち回りで開かれ、一九二一年の第五回大会からは国際オリンピック委員会から国際大会として公認され、大会の招待状が初めて他のアジア諸国にも送られた（ただしいずれも不参加）。

しかし、第一〇回大会（一九三四年）の際、満州事変によって出現した満州国を極東体育協会に加えるか否かについて日本側と中華民国側が対立し、中華民国側が協会を脱退した。これによって極東体育協会は解散し、新たにフィリピンと日本を中心に東洋体育協会が設立され、第一回東洋選手権大会を一九三八年に東京で開催することとしたが、日中戦争の勃発、フィリピンの経済事情悪化のため延期となっていた（『オリンピックの政治学』）。東亜競技大会は、こうした実績をもとに計画されたのである。

その具体的な準備は、一九三九年中（おそらくは年末）に、体協の問合せに対し、日本側での経費負担を条件に、フィリピンが参加を承諾したことから本格化した。体協が翌一九四〇年一月一六日付で作成した案によると、主催は体協、奉祝会、東京市、期日は五月下旬、開催地は東京と関西となっていたが、注目すべきは招待範囲で、満州、汪政権、フィリピン、タイ、ハワイ、南洋諸島となっている。事実上日本の傀儡政権であった汪政権や満州国、日本の委任統治領もあった南洋諸島を別にすると、東洋体育協会のメンバーであったとはいえ、アメリカの支配下にあったフィリピン、さらにアメリカの準州であったハワイ、中立国であったタイの参加をも計画していたところに、日中戦争の正当性を、アマチュアスポーツという一見非政治的な手段によって、同盟国以外の国にもなしくずし的に認めさせようとする意図がうかがえる。ただし、タイと南洋諸島は参加しなかった。タイの場合は中立国であったため、国際的に正統性を疑問視されていた満州国と汪政権の参加する行事に参加しにくかったのであろう。また、参加したフィリピンやハワイの場合は、前者は反米感情が強く、後者は日系人が多いといった事情があると考えられる。

結局、四月下旬に大会の概要が決定した。名称は東亜競技大会、日程は、東京大会が六月六日から九日まで、関西大会が一四日から一六日まで、奉祝会、東京市、体協の共同主催、後援は厚生省、文部省、外務省、鉄道省、祝典事務局、国民精神総動員中央連盟であった。大会委員会が設置され、総裁は秩父宮、副総裁は米内光政首相、会長は近衛文麿奉祝会会長、副会長は阪谷と東京市長、名誉副会長に参加国、地域から満州国、中華民国（汪政権）、フィリピンの体育関係者が名を連ねた。参加者は日本（三二六名）、満州国（一九九名）、汪政権（六五名）、フィリピン（七一名）、ハワイ（一七名）、在日外国人（五四名）の計七三二人であった。第九回極東選手権競技大会の参加人員が五〇〇名弱、一九三六年の第一一回オリンピック大会（ベルリン大会）の参加人員が約四五〇〇名であったことと比較すると、大会規模としては極東選手権競技大会クラスであったといえる。そして、競技の結果は、日本が各種目で一位を占めた（『祝典記録』）。

しかし、世界記録が一つもなかった上、観客動員状況は、「東京大会では野球、籠球《ろうきゅう》〔バスケットボール〕、拳闘のごときは相当多数の観客を集めたが主競技場の観衆は連日はなはだ少なく」（川本信正「東亜競技大会総評」『東京日日新聞』同年六月一八日付朝刊）という状態で、しかも盛況の野球も「七分の入り」（『都』同年六月七日付）であり、主競技場の少ない観客も、おそらく大部分は動員された学生生徒と考えられる。というのは、ニュース映画「日本ニュース」第一号（同年六月一九日付）の報道映像を見る限り、観客のほとんどは学生服に学生帽姿の青少年なのである。また関西大会も、「会場が広範囲に分散し」たため「散漫な気分で終始」した（「東亜競技大会総評」）ことから、動員観客数は会場の収容能力を著しく下回ったとみられ、『祝典記録』に動員観客数に関する記述がないのもこうした推測を裏づけている。

しかも、関西大会は天候不順のため全日程を消化できず、閉会式は甲子園球場の雨天練習場で行なわれるというみじめな幕切れとなった（『祝典記録』）。要するに、盛り上がりに欠けた大会となってしまった。オリンピックの場合、中止の時点ですでに大会の詳細な競技実施計画まで作られていたことを考えると、オリンピックに比べれば小規模とはいえ、準備不足は否めなかったのである。

なお、この大会は翌年以降の継続が考えられていたが、国際関係のより一層の悪化によって雲散霧消してしまったことはいうまでもない。

最後に、国際的反響についてであるが、世論が日本批判を強めていた一方、関係地域が大会に参加したアメリカの反響をみてみようと思い、当時のアメリカの代表的な新聞、雑誌であり、目録によって記事検索が容易である、『ニューヨークタイムズ』、『ニューズウィーク』を調査したが、この大会に関する記事はみつからなかった。つまり、対外アピールという点で、この大会は目的の一つを十分に達成できなかったのである。その理由はなんといっても、世界記録が一つもないといった大会自体の話題性の乏しさであろう。

以上みてきたように、政府と国民の関係は、まさに「笛吹けど踊らず」であった。もっとも政府のほうも本気で笛を吹いていたか疑わしいことは前に記した通りである。具体的には、地方行政や治安維持、言論統制を担当する内務省や、道府県の知事や幹部職員（内務官僚）の対応が形式的なものにとどまっていたということである。

そして、社会の指導的立場を自認する人々のなかにはこうした状況に危機感をもつ人々もあらわれた。革新官僚（若手エリート官僚の中で、こうした状況を打開するため日本を全体主義化すべきであると考える（グループ）の中心的理論家であった毛里英於菟《もうりひでおと》（若手エリート大蔵官僚）はその代表格といえる（『昭和戦中期の総合国策機関』）が、この紀元二六〇〇年にかかわる動向を直接の契機としてそうした危機感を表明する人物も出た。関西を中心に活動していた財界人で、二・二六事件に連座するなど、軍や政界ともつながりが深かった石原廣一郎は、一九四〇年六月に執筆し、軍、財、官、政各界の有力者に送付した『国難打開の道』の中で次のように述べている（『石原廣一郎関係文書』下巻）。

時あたかも紀元二六〇〇年の歴史的意義深き年を迎え、国運の進展を祝福すべく、とくに政府は両三年前より多額の経費を計上し、記念すべき今年の祝典に怠らざる用意と準備をなし来たりといえども、一億国民はひとしく政府や役所の奨めのため、形のみの御祝をなすといえども、腹の底から御祝いする気分が起こり得ざるは、事態の容易ならざるを意識せるものというべし。〔中略〕国民は政府を信頼せず、今や希望を失いたる国民と化しつつあり。

こうしたなかで、クライマックスとなるべき政府主催の式典が行なわれる一一月一〇日が刻々と近づきつつあった。

3　奉祝の状況—公式記録から

その後、政府がかかわる紀元二六〇〇年奉祝関係の主な公式行事としては（以下、特記以外『祝典記録』)、六月九―一三日、天皇の関西行幸(伊勢、橿原両神宮、神武、仁孝、孝明、明治各天皇陵参拝)、同月二二日から七月一〇日、満州国皇帝溥儀の二度目の来日、一〇月一一日、横浜沖での紀元二六〇〇年特別観艦式(天皇臨席、指揮官山本五十六)、一〇月二一日、代々木練兵場での紀元二六〇〇年特別観兵式(天皇臨席、指揮官朝香宮)など天皇が参加する行事があった。また、奉祝会関係の大きな行事としては、前出の東亜競技大会、六月一九日に橿原神宮外苑競技場で各種団体と共催で行なった紀元二六〇〇年銃後奉公祈誓大会、後出の紀元二六〇〇年奉祝美術展覧会(前期一〇月一―二二日、後期一一月三―二四日、文部省と共催)、紀元二六〇〇年奉祝楽曲演奏会(一二月)などがある。

このうち、銃後奉公祈誓大会というのは、紀元二六〇〇年を期して、国民に一層戦争遂行に協力することを誓ってもらうという、まさに紀元二六〇〇年というスローガンを戦時の国民精神動員に活用しようというイベントで、大日本青年団、大日本傷痍軍人会など教化団体四〇、計約二万三〇〇〇人が参加し、国内はもちろん、NHKの海外放送でラジオ中継された。そして、悪い体調をおして参謀本部勤務の傍らここまで奉祝会のイベントのほとんどに顔を出してきた奉祝会総裁秩父宮は、同大会から帰京後一気に体調を悪化させ、公務を休んで肺結核の身を病床に横たえることとなった(『雍仁《やすひと》親王実紀』)。

これらの多くは大々的に報道されたが、なんといっても最大のイベントは、一一月一〇日の政府主催の式典である。これは天皇・皇后臨席の下、皇居前広場に約五万人を集めて行なわれただけでなく、全国各地でも儀式や行事が行なわれたからである。

祝典についての具体的準備は、一九三九年六月に始まった。すなわち、祝典事務局が作成した案をもとに祝典評議委員会で検討され、七月二四日の評議委総会で「紀元二六〇〇年祝典実施要綱」が決定された。そのなかで、一九四〇年一一月一〇日に皇居前広場で天皇・皇后臨席での式典の実施と、当日内外各地でも式典を実施すること、式典の翌日にやはり天皇・皇后臨席で奉祝会主催の奉祝会を実施することが定められた。なお、評議委の審議過程（六月二八日の特別委員会）では、阪谷や金光（前章6参照）が、政府の行事のなかにも祝祭的な行事が必要であり、国民もそれを望んでいると主張した。阪谷は元来万博をメインイベントと考えていたわけであるし、金光はベテラン代議士として中央のエリート官僚より世情に通じているという自負があったはずである。しかし、内務省や陸軍省は、行事は神道祭祀や「国民教化」的なものが中心であるべきであると主張し、審議はその方向で進んだ。評議委の雰囲気は日中戦争勃発以前とはすっかり異なっていたのである。

さらに、一九四〇年四月、評議委で「紀元二六〇〇年式典および奉祝会実施要綱」が決定された。これは式典、奉祝会の式次第と参列者の範囲を定めたものである。そして、一連の準備実施のため内閣祝典委員が設置された。なお、右の要綱では、参列者の範囲は「両陛下の臨御を仰いで」の「奉祝」の「感激を全国民に頒《わか》たしめるため」、可能な限り広範囲とした（『天業奉頌』）。

また、内外各地に関しては、一九四〇年一〇月四日の次官会議で、「紀元二六〇〇年奉祝式および奉祝行事実施要領」が決定された。その内容は、一一月一〇日には皇居前広場での式典に合わせて各地域や職場、学校などで奉祝式を行ない、ラジオの式典実況放送にあわせて万歳を唱えること、奉祝行事として、神社での臨時祭典、各地で講演会、演芸会、競技会、団体行進などを行なうというものであった（『資料日本現代史』一〇）。

一一月一〇日、冷え込んだものの、見事に晴れ渡った皇居前広場（当時は宮城前広場と呼んだ）はすっかり準備が整っていた。会場入口には夜間照明が可能な装飾が設置され、会場の前方中央には、天皇・皇后らのため式殿として神殿風の建物が建設され、その中央上には「万歳」の額がかかり、会場には五万五〇〇〇人分の席がおかれ、周囲は紅白の幕で囲まれていた。

会場を埋めたのは、駐日大公使、武官のほか、官民各層（官公庁、団体、学校、市町村長、一般住民）、傷痍軍人や戦死者遺族、満州国を含む植民地や同盟国の代表四万九〇一七名に、陸海軍の儀仗隊と軍楽隊、合唱団（東京音楽学校生徒）計一五〇〇名であった。そして軍楽隊の「君が代」演奏のなか、皇族と近衛首相以下各大臣とともに天皇・皇后が入場、天皇・皇后は式殿中央に着席し、午前一一時過ぎ、式典が開始された。

当時の内閣は第二次近衛内閣で、従来の政治団体、教化団体や国民精神総動員運動の組織を解消して一元的な国民組織を作る新体制運動が行なわれ、一〇月一二日には国民組織として大政翼賛会が創設されて組織作りが進行中であり、外交的には、中国問題をめぐってますます深まっていたアメリカ、イギリスとの対立を日本に有利に解決する手段として、防共協定を軍事同盟に強化した日独伊三国同盟が九月二七日に締結されていた。社会的には、一九四〇年に入るとついに物資統制が日用品や食糧にも及びはじめ、すでに珍しくなかった闇取引だけでなく、配給切符制や代用品使用の奨励が目につくようになった。また、前年以来の精動の方針にもとづいて、八月以後、飲食店における午後五時以前の酒類の提供が禁止されたり（『資料日本現代史』一〇）、米飯の提供が制限されるなど、生活面における引き締めも身近に及ぶようになった。国民も為政者たちも、そうしためまぐるしい状況のなかでこの日を迎えたのである。

まず近衛首相が式殿前で古式に則った「寿詞《よごと》」（祝辞に相当）を読み上げた。その内容はいうまでもなく、神武創業以来の国家と皇室の繁栄を祝うものである。これに対し、天皇が、国民が祝典を行なってくれることはうれしい、神武天皇の精神を広めて「人類の福祉と万邦の協和とに寄与」せよ、という旨の勅語を述べた（この部分は慣例に従いラジオ中継ではカットされた）。ちなみに、神武天皇の精神とは、あの「八紘一宇」のことである。そして軍楽隊と合唱団による「紀元二六〇〇年頌歌」の演奏のあと、再び近衛首相が式殿前に立ち、一一時二五分、礼砲やサイレンが鳴り響くなか、近衛の「天皇陛下万歳」の声に続いて全員で万歳を三唱し、一一時半過ぎ式典は終了した。記念品として「紀元二六〇〇年記念章」が参列者に配布され、「参列者は重ね重ねの光栄に感泣しつつ拝受した」（『天業奉頌』）という。

翌日、小春日和のなか、同じ場所で、前日の参列者に奉祝会特別会員を加えた四万九八八六名が参列して午後二時少し前、奉祝会が始まった。総裁代理として高松宮が式殿前に立って天皇に「奉祝詞」を読み上げ、続いて外交団代表としてグルー駐日アメリカ大使も「奉祝詞」を読み上げた。これに対し、天皇は国民各層や各国の代表と喜びを分かち合うことを喜ぶとともに、「平和の日ならずして回復」することを望むなどとした宣旨（勅語より簡略な形式の天皇の言葉）を読み上げた。その後、宴席となり、食事をしながら、宮内省楽部による新作の奉祝舞楽「悠久」、軍楽隊の演奏のあと、軍楽隊と全国から選抜された児童・生徒三〇〇〇人の斉唱で国民歌「紀元二六〇〇年」が演奏されるのを鑑賞し、高松宮の発声で全員で万歳を三唱して三時前に終了した。出席者には記念品として、歴代天皇の和歌を抄録し、佐佐木信綱（文学者）の解説を付した『列聖珠藻』、歴代天皇の書簡などを抄録し、辻善之助（歴史学者）の解説を付した『聖徳余光』が配布された。

食事のメニューは、衛生面を考慮した結果、軍隊の携帯食糧に準じた内容となった。すなわち、清酒、鯛、蒲鉾、大豆、昆布、干瓢《かんぴょう》、竹の子を盛り合わせた缶詰、携帯用の米飯、インスタントの味噌汁、餅、「航空用薬酒」と「航空用葡萄酒」（今の栄養ドリンク剤に相当）、乾パン、酒のつまみとしてソーセージや魚介類の燻製や栗など、デザートとして興亜パン（玄米パンのことか）、みかんとなっていたが、天皇と五万人もの人々が同じメニューを一堂に会して食べるというのは前代未聞のことである。

参列者のなかには当然ながらあの阪谷もおり、新聞記者に心境を次のように語っている（『阪谷芳郎伝』）。

うれしい。わたしはいろんな仕事にぶつかったが、この奉祝事業が自分の一生の大仕事になるかもしれない。思えば、初めて口を切ったのは昭和五年だった。〔中略〕スタートは颯爽たるものだが、始めてみると大事業で、いまだに国史館の建設はなかなかできそうもない。それにオリンピックと万国博覧会が中止となったのも、なんだか車の両輪が欠けたようで、残念に思うているが、世界戦争でも終われば、盛大にやりたく、それまではわたしも死ねんと思っている。いまその式を迎えるにあたって、わしは胸が一杯だ。世界の歴史にもない皇統連綿たる二六〇〇年、人類としても国民としても、世界に誇るべきだ。これが日本精神の発揚に役立てば良い。神武天皇の八紘一宇が地球上の人類におよべば良い。〔後略〕

オリンピック返上、万博延期の無念さがひしひしと伝わってくる話しぶりであるが、彼の念願はかなわず、翌年一一月一四日、七八年の生涯を閉じることになる。

なお、式典と奉祝会には外人記者も取材を許されていた。ドイツ国営通信のホルハルト、ステファニー通信（イタリア）のアウリシオ、イギリスの『タイムズ』とアメリカの『ニューヨークタイムズ』の特派員を兼ねるバイアス、タス通信（ソ連）のメーリング、ＡＰ（アメリカ）のモーリン、ＵＰ（アメリカ）のトムソン、武徳報（中華民国、汪政権、以下同じ）の黄、中央通訊《つうじん》社の薛、国民新聞社の銭の九名である。いずれも「曠古《こうこ》〔前代未聞〕の式典の爽美荘厳に感激のつぶやきとメモを連ねていた」(『朝日』一一月一一日夕刊〔一〇日発行〕)とあるが、実際はどうであったのだろうか。同盟国であるドイツ、イタリア、汪政権の中華民国の記者が批判がましい記事を書くわけがなく、また筆者がロシア語は読めないことと、関係史料が入手しやすかったので、アメリカ系の記者に注目してみたい。

翌日の『朝日新聞』朝刊にはバイアスとトムソンの「謹話」が載っている。バイアスは、「一二年前の御大典〔昭和天皇の即位式典のこと〕」の「世界に比類のない歴史の象徴そのもののような盛儀」とくらべると「すべてが近代化されているように感じ」るとともに、参列した「在外日本人」も「母国の躍進ぶりに非常な心強さを覚えたことでしょう」などと述べ、トムソンは式典について、「日本の傑出せる人々五万人が一堂に会し天皇陛下に最敬礼申し上げる荘重さと敬虔さ」が「最も印象深かった」とし「入場はきわめて静粛に行なわれ、参集者は莫大な数にのぼったにもかかわらず、全然押し合いへし合いは見られなかった」などと述べている。二人とも「感激した」とは一言も言っておらず、醒めたまなざしが感じられる。実際、一二日の『ニューヨークタイムズ』にはバイアスの署名入りで奉祝会の模様が伝えられているが、事実だけを伝え、論評は一切加えられていない。では彼らの真意はどこにあったのだろうか。

それをうかがわせる材料は、同年二月一四日の同紙の論評記事「神武天皇の子供たち」である。この記事は紀元二六〇〇年の紀元節にちなんだもので、神武天皇神話にもとづく「シンボリズム」(象徴主義）は、ロマンチックで詩的な側面ももつが、天皇を絶対化する効果ももつため軍部の暴走も招いているとして（その具体例には、一九三七年末から翌年はじめにかけて起こったいわゆる南京虐殺事件も出てくる）、日本の行く末に不安を表明している。すでにふれたように（本章5も参照）、日中戦争勃発後アメリカの対日感情は一般に悪化しており、『ニューヨークタイムズ』もその例に漏れなかったのである。このような事情を考えれば、バイアスやトムソンの真意も明らかとなる。彼らは実は当時の日本の状況に批判的であり、かつ報道統制に抵触しない範囲で報道を行なおうとした結果、論評を加えないという報道スタイルに落ち着いたのである。

一方、式典当日から翌日にかけて、国内各地はもちろん、植民地や日本人のいる地域では一斉に奉祝式と祝賀行事が行なわれた。その状況は、『天業奉頌』によれば、式典の万歳三唱（ラジオ中継された）の際には、「待ちかまえた一億の蒼生《そうせい》（国民）の歓呼のどよめきは地軸を揺るがし、日本臣民のある所、怒濤のように沸き返った」とあり、その後「全国津々浦々にうねりをなす旗行列・提灯行列が行なわれ、またきらびやかな花電車もつくられた」とされ、翌日も「喜びにおどる国民は、朝まだきから手に手に小旗を取り持って旗行列に参加し、奉祝国民歌『紀元二六〇〇年』を口々に高唱した」とある。「マインド・コントロール」という言葉を思わず連想してしまう記述である。

これを『祝典記録』の統計でみると、「紀元二六〇〇年奉祝式ならびに祝賀会、旗行列等奉祝行事」は内外合わせて七一九六件、のべ参加人員一二六五万七三七七人となっている。『祝典記録』の各道府県の報告量は道府県によって差があるので、未報告の場合もかなりあるとは思われるが、式典当日になんらかの儀式や行事に直接参加した（あるいはさせられた）人は、日本国籍をもつ人の一〇人に約一人という計算になり、筆者には『天業奉頌』の記述で想像するより少ないように思われるし、『天業奉頌』という為政者側の史料だけで状況を判断することはできない。そこで、同時代人の記録をみてみよう。

4　奉祝の実態

まず登場していただくのは、当時神奈川県平塚市第二尋常小学校三年生であった山中恒氏である。児童文学者である氏は、自身の体験を通して戦時日本を告発する著作を数多く発表しておられるが、その中にこの時の回想がある（『ボクラ少国民』）。式典当日の朝、氏を含む全校生徒は地元の神社に集合させられ、女子生徒による「浦安の舞」の奉納を見たあと、奉祝式をすませ、旗行列をはじめたが、「張りきって出発したものの、見物の人垣などまるでない。子どもを背負った老人たちがちらほら見送るだけである。張り合いの無いことおびただしい」。どうも『天業奉頌』の雰囲気とはだいぶ隔たりがある。

そして氏は考察する。「しかし、現在、このパレードの催された社会状況、市民生活の状況を考えると、意外にも、地方都市の一般市民はさめていたのかも知れない」、その理由は、「きわめてありふれた日用品がつぎつぎと店頭から消えていき」、政府は「今事変は持久戦」としているのだから、「〈紀元二千六百年祭〉に対しても、どこか遠い所でのお祭りといった程度の感覚で、これに面従腹背とまでゆかないにしても、適当にくたびれないように調子をあわせておいたのかもしれない」。要するに子供は熱心であったが、大人は醒めていたというのである。氏の体験と考察はどの程度妥当性があるのだろうか。

それを考える上でヒントになるのが『祝典記録』の奉祝記念行事の統計である。「奉祝式・祝賀会・旗行列等」の項目以外で件数が圧倒的に多いのが運動会のたぐいである。すなわち、「陸上体育競技会」「水上体育競技会」「武道大会」「その他運動競技会」の四項目で合計二〇五九件、のべ参加人員四六二万五九八人となっている（参加人員についてはもっと多い項目もある）。個々の地域の報告をみると、その多くが児童・生徒による運動会であり（住民が中心のものもあるが）、ほとんどが式典当日あるいはその前後に行なわれていることがわかるが、考えてみれば元来この季節は運動会シーズンである。つまり、恒例行事を日程だけ式典に合わせて行なったに過ぎず、しかもその多くは子供が主人公で大人は基本的にみているだけなのである。確かに「適当にくたびれないように調子をあわせておいた」といってもおかしくないのである。しかし、こうした状況は地方都市だけであったのだろうか。

そこで次に登場していただくのは小説家永井荷風である。荷風はこのとき六〇歳。耽美的な作品で名声を博す一方、世情に背を向け、浅草周辺や銀座などに出入りして江戸の粋を探し求める生活をしていたが、その日記『断腸亭日乗』には、荷風の目からみた紀元二六〇〇年祝典時の東京の状況がうかがえる（これのみ文豪に敬意を表してほぼ原文で引用）。

関係記事の初出は一一月七日で、「昏暮銀座を過るに路傍に祭礼の高張提灯など出し町のさま先月頃に比すれば稍活気を帯びたり」とあり、さらに歌舞伎の演目は「少しは軟きもの」でもよく、終演も夜一〇時を過ぎてもよいと「軍部より内々のお許し」があるが、これは「年末にかけて窮民の暴動を起こさんことを恐れしが為にて来春に至らば政府の専横いよいよ甚しくなるべし」などという「流言」を聞き込んでいる。提灯に関しては、五日の『都新聞』に、提灯屋が東京「全市の町会、隣組からの一斉注文にうれしい悲鳴を上げ」とあることから裏づけられるが、後半の「流言」の真偽は今のところわからない。

式典前日の一一月九日には、銀座で夕食をとった際、「銀座通の人出おびただしきこと酉の市の比にあらず」とあり、当日の日記を見ると、荷風は一切行事に参加せず、式典のラジオ中継を聞いた兆候もみられない。そして午後知人宅を訪ね、居合わせた「私娼」二人と「赤飯」を食べたが、二人の「私娼」は、「今日は紀元二千六百年の祭礼にて市中の料理屋カフェーにても規則に依らず朝より酒を売るとの事なれば待合茶屋また連込旅館なども臨検のおそれなかるべしと語合ひやがて打連れていづこにか出で去りぬ」とある。当然仕事をしにいったのであろう。

荷風のように政府や地域の式典や行事に無関心な例は他にもある。たとえば、小作農の生活と意識を知る上で貴重な史料である西山光一（新潟県の小作農）の当日の日記（『西山光一日記』）にも関連記事はまったくない。また、酒に関しては、前出の『都新聞』によれば、一〇日から一四日まで飲食店での昼からの酒の提供が許されるだけでなく、酒の販売量自体増加されていることがわかる。さらに「私娼」の話と行動を裏づけるのが、八日の『都新聞』の「豪勢、料亭客止め」と題する記事である。

〔前略〕そこで果たして奉祝便乗行きすぎはないか。遺憾ながらこれはその一つ、奉祝に名をかる帝都の宴会洪水。

昼酒も少々はよろしと大政翼賛会国民指導部が一旦発表したとたんに市内の料理屋、飲み屋、宴会場にお約束が殺到し〔中略〕来月中旬ころまでは満員お断りの盛況だ。それも良いとして、きのう、きょう、晴れの式典参列者を中心とする〝郷党の集い〟の申込みが続々とあるが、このほうはほとんど全部シャットアウトというのが現状。〔中略〕これら感激の参列者を中心に新しい世紀を迎える国民の覚悟を語る集いこそ心からなる奉祝の宴であるわけ、その肝心の会合はピシャリと締出して七〇〇万市民は酒を飲んでなにを語る。〔後略〕

市民が「奉祝」に「便乗」して羽を伸ばしている姿が目に浮かぶようである。

なお、この期間、興行界も大盛況であった。映画では、東宝系は、邦画がエノケン主演の「孫悟空」、洋画がマレーネ・ディートリヒ主演の「モロッコ」、松竹系は、邦画が上原謙主演の「西住戦車長伝」、洋画は「大平原」（アメリカの西部劇）と名作ばかりだが、内容的には紀元二六〇〇年とは直接関係がない作品ばかりである。舞台関係は紀元二六〇〇年関連が目立ち、東宝系では日劇（現有楽町マリオン）で奉祝記念舞踊「日向」、東京宝塚劇場での少女歌劇は、日本文化中央連盟（第三章参照）主催の「皇紀二六〇〇年奉祝芸能祭制定」のミュージカル「すめらみくに」他三本立て、松竹系では、歌舞伎座は、昼は菊之助他で「仮名手本忠臣蔵」（日替わりで全段上演）、夜は「紀元二六〇〇年奉祝興行」として、羽左衛門他オールスター・キャストで、「敵国降伏」、「紀元二六〇〇年奉祝会推薦舞踊」と銘打たれた「笠沙高千穂」他五本立て、浅草常盤座では田端義夫他出演の「笑いの王国」（「健全慰楽」とあるが、今風にいえばバラエティーショーであったと思われる）となっている（『都』一一月九、一〇日の広告）。舞台関係では、大衆向けである常盤座の番組が、少なくとも広告で見る限り、紀元二六〇〇年と無関係な内容となっていることが目立つ。

『都新聞』一一月一三日の記事「興行界」によると、いずれも盛況であったが、とくに市内五ヵ所で一挙上映した「孫悟空」は抜きんでており、ついで「大平原」が続くという。「孫悟空」は東宝からビデオで発売されており、私はテレビで見たことがある。監督は山本嘉次郎、出演者は主演のエノケンのほか、高峰秀子、中村メイコ、さらに特別出演として渡辺はま子に李香蘭という豪華キャストによるミュージカル映画で、たいへん楽しい作品であるが、明らかに「オズの魔法使い」（一九三九年製作）や「ポパイ」といったアメリカ製の映画やアニメーションの影響と思われる場面もあって驚かされる。いずれにしろ、内容的に紀元二六〇〇年とは関係ない番組がとくにヒットしたことは注意しておきたい。

荷風に戻ると、一一月一一日には、夕刻の銀座で、「表通は花電車を見むとする群集雑遝《ざつとう》し尾張町四辻辺殆歩むこと能はず」とあるが、確かに翌日の各紙の朝刊には、銀座通りを走る花電車と通りを埋め尽くす群衆の写真が載っている。

ちなみに、こうした群衆の繰り出し先はもう一つあった。それは式典会場で、奉祝会終了後式場および式殿が一般公開された。とくに式殿は珍しかったためか、かなりの人が見物に押し寄せたようである（『ボクラ少国民』）。

また、旗行列は東京でも市内各所で行なわれたことが新聞報道からわかるが、これが動員されたものであったことは、当時池袋近くに在住していた主婦の戦後の回想で、国民に「紀元二千六百年」の歌詞が書かれた紙を町会から配布された際、「この歌を歌いながら提灯行列や旗行列をするから習いに行くように」と回覧板がまわってきたという証言（「その頃わたしは」『銃後史ノート』所収）からわかる。

ただし、青少年層はそれなりに感激した場合が多いらしいことは、『ボクラ少国民』や『銃後史ノート』復刊三号に収録されている作文類や日記から推測できるし、大人でもそれなりの感慨を抱いた人々がある程度いたことは、『天業奉頌』に収録された四三〇あまりの和歌、俳句、漢詩（なかには朝鮮人や中国人の作品もある）でわかる。青少年層の状況の背景として、天皇機関説問題以後、修身や歴史、国語といった科目などで国粋的な傾向が強まったことは留意しておくべきであろう。

しかし全体として、一般の大人は、式典前後の期間を楽しめるだけ楽しむか、それができなければ適当にやり過ごしたのであり、本気で感激したのは全体からみれば少数であったと考えてまちがいない。こうした状況について説得力のある説明に成功しているのが広田照幸氏である（『陸軍将校の教育社会史』）。すなわち、「戦時体制を実質的に担っていた年齢層（一般市民のこと）は必ずしも強固なイデオロギー教化を経験していない」ことを指摘した上で、「教化」は、「何が正しいのか」についての「合意形成」には成功していたが、憲兵や教員など「戦時体制を積極的に担っていた」人々ですらその規範（「滅私奉公」）を内面化するまでには至っておらず、「立身出世」志向と規範が「相互浸透」していたと指摘している。

つまり、一般国民は奉祝記念行事には義務的に参加していたに過ぎず、彼らにとって「紀元二六〇〇年奉祝」とは、長期的には五輪や万博といった「世紀の大イベント」や地元における社会資本整備といった奉祝記念事業であり、短期的には、祝典の前後だけ娯楽に関する政府の統制が緩められたことに示されるように、戦時体制下における「息抜き」の手段（「『八紘一宇』のかげで」）の一つだったのである。

先にみたバイアスやトムソンらはこうした面を報道してはいない。仮に彼らがこうした状況を知っていたとしても、報道しようとすれば日本側がとりやめさせたことはまちがいない。世論の分裂を明らかにすることは、自国民に対してのみならず、当面の「敵」である中国の蔣政権やそれを支援する国々（アメリカ・イギリスなど）に弱みをみせることになるからである。当然のことながら、こうした状況を「報道の自由の侵害」などと批判することはかならずしも当を得ない。戦時において、こうした情報コントロールも勝つための手段の一つであることは近代戦においてはあたり前の話であり、現代においても同様であることは先の湾岸戦争やボスニアの内戦の際の報道をめぐる状況からも明らかであるからだ。一度戦争が始まってしまえば、為政者はもちろん、国民にとっても勝つこと（もちろんなるべく早く）が至上命題であり（日中戦争の場合、負けると第四章7で指摘したような利益が得られなくなるからである）、「報道の自由」は、その目的に相反しない範囲に限定されるのはむしろ自然の勢いといっても過言ではないのである。

5　奉祝楽曲演奏会—欧米へのアピール

ここまで、政府と国民のチグハグな動きばかりみてきたが、一方で紀元二六〇〇年奉祝の動きは、前述の社会資本のみならず、文化面でもそれなりの成果をあげており、そうした面を無視することは公平を欠くことになろう。そこで、以下そうした面にスポットをあてておきたい。

まずは、紀元二六〇〇年奉祝楽曲演奏会である。この企画は、「当時の日本の音楽界の総力を結集」し、「日本のオーケストラが世界に向かって独自の演奏により新しいメッセージを発しはじめた」（テレビ番組「N響の六〇年」における音楽史家船山隆氏のコメント）といわれるものである。

一九三九年二月、紀元二六〇〇年奉祝に際し、「国際交歓の行事として、とくに外国人の来訪等なくして時局下において可能かつ適切なる事項にして、もっぱらその実を挙ぐるの計画を考慮することの必要に迫られた」（以下、特記以外は『祝典記録』）として、奉祝会、国際文化振興会、外務省文化事業部、日本放送協会（以下、ＮＨＫ）の関係者が集まって具体的施策について懇談した。これがこのイベントの発端である。国際交歓がオリンピックや万博の意義の一つであることを考えれば、これは万博やオリンピックに代わるイベントが模索されていたことを示している。なお、わざわざ「必要に迫られた」としている点は気になるが、一月にアメリカ、イギリス、フランスの反日感情の高まりが報道されていたこと（『東朝』）は見逃せない。おそらくはそうした動きへの対応策として検討が始まったのではないかと思われる。

懇談の結果、「世界各国より贈らるる形式的賀表はなんら国民的感激を生」まないので、音楽を贈ってもらい、それを日本で演奏すれば、「誠に有意義」で、しかも「一国の祝典に際し世界各国が音楽をもって祝意を表することは世界音楽史上最初」であり、「世界文化史上」の「意義は重大」である、としてこれを実施する方向となった。このアイデアは、国際文化振興会常務理事黒田清伯爵によるものという（「洋楽放送五十年」）。おそらく、国際文化振興会からの出席者（青木節一）が黒田の案を持ち込んだのであろう。

そして、三月に奉祝会から外務省を通して、アメリカ、イギリス、フランス、ドイツ、イタリア、ハンガリーの各政府に対し、楽曲は管弦楽曲（合唱付も可）で、一国一曲、必要ならば一定限度内で経費負担といった条件で、紀元二六〇〇年奉祝楽曲を作曲する作曲家の斡旋を依頼した。つまり、「世界各国」とはいっても、この行事は欧米諸国への「紀元二六〇〇年奉祝」のアピールを目的としていたのである。

これらの国々のうち、ドイツ、イタリアは三国防共協定の締結国であり、ホルティ摂政の支配下でドイツへの政治的接近を強めていたハンガリーも一九三九年二月、主にドイツとの関係強化のため同協定に参加していた（『ハンガリー史』二）ので、これらの国々への依頼はむしろ当然である。これに対し、フランス、イギリス、アメリカが、いずれも日中戦争を契機に対日関係を悪化させつつあった国々であることを考えると、この試みが、国際社会に日中戦争における日本の正当性を認めさせるための試みの一つであったことは明らかである。

さて、このような日本側の申し入れに対し、同年八月から一一月にかけて各国から回答が寄せられた。最も早く回答したのはドイツで、八月にリヒャルト・シュトラウスが引き受けることになった。

そのほか、フランスは、ジャック・イベール、ハンガリーはシャンドル・ヴェレシュ、イタリアはイルデブランド・ピッツェッティが引き受けることになった。イギリスは最も遅く、一一月になって当時アメリカ在住のベンジャミン・ブリテンを推薦してきた。その際、斡旋に当たったブリティッシュ・カウンシル（イギリス文化振興会）が「同氏は作曲家の常として、その生活豊かならざるにつき、適当なる報酬を受くることを期待し居れり」と付言しているのには思わず笑ってしまう。また、アメリカについては、一一月に至って堀内謙介《ほりのうちけんすけ》駐米大使から、「当方面昨今の対日空気にては本件作曲の目的に適したる一流作曲家を煩わす見込なし」と報告された。つまり、引き受けてくれる作曲家を獲得できなかったのである。それだけ当時のアメリカ人の対日感情は悪化していたのである。

このような引受状況も、やはりこれらの国々と日本との当時の政治的関係を如実に反映している。ドイツとイタリアは、それぞれ当時の自国の音楽界の重鎮を作曲者に選んだ。交響詩「ツァラトゥストラはかく語りき」や歌劇「ばらの騎士」をはじめ、現在でも多くの作品が演奏されているシュトラウス（一八六四―一九四九）は、当時すでに指揮者として、ドイツの後期ロマン派音楽の大作曲家として功成り名遂げた存在であった。ヒトラーの政策に批判的な私信が発覚して帝国音楽局総裁を事実上解任されるなど、ドイツ国内での社会的立場は弱まっていたが、彼の音楽家としての世界的名声は依然保たれており、当時の日本でもその作品が演奏されたり、レコードが発売されていた。彼が他の作曲を中止して奉祝楽曲の作曲を受諾した理由が、これ以上ナチスの不興をかってユダヤ人であった彼の親類の妻に迫害の手が伸びるのを防ぐためであったことはすでに知られた逸話である（『R・シュトラウス』）。

また、ピッツェッティ（一八八〇—一九六八）は当時のイタリアの代表的作曲家といわれた人物で、一九三九年六月にイタリア学士院会員になったこと、国家の後援によってファシスト的理念を表現することを目的として製作された大作映画「シピオーネ」（一九三七年製作）の音楽を担当したこと（「血と大地」）は、代表的作曲家といわれた当時の彼の位置を端的にあらわしている。これに対し、その他の国の場合は、現在著名なブリテンやイベールを含め、いずれも当時中堅または新進の作曲家であり、どちらかというと彼らに新たなチャンスを与えた格好となっている。すなわち、すでに国際的、あるいは国内的に名声を確立していた人物を選んだドイツとイタリアの積極的姿勢が目立っている。

さて、作曲された作品の総譜（オーケストラスコア）は一九四〇年五月から八月にかけて日本に到着した。すなわち、シュトラウス作曲「日本帝国二六〇〇年建国祝典のための祝典音楽」、イベール作曲「祝典序曲」、ピッツェッティ作曲「交響曲イ調」、ヴェレシュ作曲「交響曲」、ブリテン作曲「シンフォニア・ダ・レクイエム（鎮魂交響曲）」である。シュトラウスの作品の場合はとくにベルリンの日本大使館で贈呈式が行なわれ、総譜が二部作られて一部は天皇に献呈された。演奏会の準備は、奉祝会を中心として、音楽関係者や外務省、内閣情報部、NHKの関係者によって七月から始まり、準備の都合から演奏会は一二月となった。

なお、ブリテンの作品は演奏されず、楽譜も出版されず（他の四曲は奉祝会の手で出版され、楽譜出版社を通じて市販もされた）、当時その事情は少なくとも日本国内では一切公表されず、一部の関係者が知るのみであった。そしてこのことは現在でもしばしば話題にされている。『祝典記録』の記述によれば、総譜到着が遅れて（ブリテンの作品の総譜到着は八月一六日で、最後であり、ピッツェッティの作品に遅れること二〇日であった）パート譜（各楽器奏者のための演奏用の楽譜）の作成などの準備が間に合わなかったことと、曲が鎮魂曲（レクイエム）で祝祭にふさわしくないことを理由に、作曲者の承諾下に演奏を中止し、さらに奉祝会からブリテンに作曲謝礼（当時の日本円で七〇〇〇円相当のドル）も贈られたとしている。

これに関し、ブリテンの伝記では、彼はこの依頼を神武天皇の追悼音楽の作曲と了解して作曲したとし、日本側の処置に対し、彼が抗議をしたとしている（Britten）。実際、一九四一年一月三一日付で、駐日英国大使館から外務省宛にこの問題について右と同じ趣旨の問合せの書簡がある（「帝国祝祭典関係雑件（紀元二千六百年祝典関係）」これに対する日本側の対応は不明）。要するに、少なくともブリテンの曲の場合、内容をめぐって問題が起き、それが演奏、出版取り止めの理由の一つとなったのである。この点に関し、この曲に「ファシズムへの怒り」という意図が含まれていたとする見解もあるようだ（「皇紀二千六百年と眠っていた楽譜」）。さきほど述べたように、確かに英米では対日感情は悪化しつつあったが、このケースに関しては今のところ文献的にはその点について確認できないので、これ以上立ち入ることはできない。結局この曲は、ブリテンが亡くなった両親に献呈した作品として、アメリカで一九四一年に初演され、イギリスで出版された。以後彼の代表作の一つとされ、コンパクトディスク（ＣＤ）も数種ある。日本では一九五六年に作曲者自身がＮＨＫ交響楽団を指揮して初演されている。

さて、奉祝楽曲演奏会は奉祝会主催で、新交響楽団（現在のＮＨＫ交響楽団）をはじめとする在京の主要楽団のほか、東京音楽学校（現在の東京芸術大学音楽学部）や宮内省楽部（といっても洋楽器を演奏した）などから計一六五人が参加して特別編成された大管弦楽団（紀元二六〇〇年奉祝交響楽団）と、山田耕筰他の指揮者（演奏会での曲順で言うと、イベールが山田耕筰、ヴェレシュが橋本国彦、ピッツェッティがガエターノ・コメリ、シュトラウスがヘルムート・フェルマー。ちなみに練習指揮者はのちに小沢征爾らを育てることになる斎藤秀雄）によって一二月に東京で四回、大阪で二回の演奏会が行なわれた（大阪の演奏会は大阪朝日新聞社の主催）。史上初めてのイベントとあって、社会的な関心の対象となり、新聞では構想段階から練習過程、演奏会に至るまで写真入りで報道され、「日本ニュース」二七号でもとりあげられている。

初日の一二月七日は招待演奏会となり、皇族や在日外交団が招待され、近衛首相兼奉祝会会長（代理）や松岡洋右外相の挨拶も行なわれた。さらに同じメンバーによってＮＨＫのスタジオで録音され、この録音を使ってレコードが作られて皇室や作曲者に献呈され、市販もされた。また、同じ録音によってＮＨＫの国際放送で計三二回放送された（ちなみにこの年の国際放送では奉祝関連番組が数多く放送されている。『ラジオ・トウキョウ』Ⅰ）。皇族とともに外交団が演奏会に招待されたこと、首相、外相が挨拶していること、海外に放送されたことなどは、この行事が対外的な意味をもっていたことを如実に示している。

なお、国内の反響であるが、『朝日』（一二月一一日朝刊）に載った大田黒元雄（音楽評論家）の演奏会評では、イベールやヴェレシュの曲は好意的に評されているが、ピッツェッティの曲については「すこしく退屈」で「いささか期待を裏切られた」とし、シュトラウスの曲についても、「内容的にはむしろ空虚」で「一代の巨匠シュトラウスの老いたことを語るにとどまった」と酷評し、演奏についても「思ったよりも上出来」ではあるが、「必要以上に多人数の管弦楽を使ったことは悪趣味で」「かえって演奏の効果を害《そこ》なう傾きがあった」と否定的な評価である。しかしこれ以外の音楽雑誌での批評はおおむね好意的であるが、なかでもイベールの曲については雑誌『音楽世界』一九四一年三月号に載ったレコード評（菅原明朗、守田正義、いずれも作曲家）でも、録音、演奏ともに高く評価されている。

余談になるが、シュトラウスの曲とイベールの曲はＣＤで聴くことができる。前者は作曲者自身がミュンヘン国立歌劇場管弦楽団を指揮して初演直後に録音した演奏（『リヒャルト・シュトラウス自作自演集』）である。しかも、この作品は、一九八八年に日本テレビ系の番組「リヒャルト・シュトラウス、その愛と哀しみ」制作のため、モーシェ・アツモン指揮の読売日本交響楽団の特別演奏会で演奏されたことがあり（これが戦後最初の実演）、筆者も聴きにいったが、率直な話、部分的には聴かせどころもあるが、全体としては散漫な印象の曲である。とくに、彼特有の各楽器のソロの活躍がまったくみられない。素人考えだが、シュトラウスは日本のオーケストラ奏者がどの程度の技量をもっているかわからなかったためかもしれない。

これに対し、イベールのCD（『山田耕筰の遺産』）は、なんと前出の初演メンバーの録音（指揮山田耕筰）の復刻で、当時の批評通り、録音、演奏とも良好（臨時編成の楽団とは信じられない）で、曲も祝典曲という性格上深みはないが、対位法的手法を駆使しながらもリズミカルで明快なよい作品である。イベールのCDの解説（「楽曲について」）によれば、初演メンバーによる他の三曲の原盤も現存しているとのことなので、戦前日本の西洋音楽演奏の究極の姿を伝える貴重な文化遺産としてぜひ復刻してほしいものである。

さて、肝腎の反響であるが、筆者の語学力の壁もあり、音楽雑誌のうち、英語圏のもので日本でみることのできる雑誌を調べたところ、イギリスの音楽雑誌に反響がみられた。一般の音楽愛好家向けの雑誌『ミュージカルタイムス』一九四〇年九月号では、リヒャルト・シュトラウスが日本の紀元二六〇〇年奉祝のために作曲したことのみを伝えているが、論評はしていない。しかし、一般向けの刊行物にともかくニュースとして伝わっているだけでも対外的事業としての日本側の意図が達せられているといえる。さらに、学術雑誌ではないが、かなり専門的な音楽雑誌（ただし年刊）であった、『ミュージックレビュー』第二巻（一九四一年号）は、やはり演奏会前の情報としながらも他の作曲家についての情報も加えてより詳しく伝え（ブリテンの作品も演奏予定となっている）、最後に「このような国家的事業の例は、西洋諸国の政府にとっても非常に見習う価値がある」という、日本の主催者の立場からみれば好意的な論評を行なっている。同盟国であるドイツ、イタリア、ハンガリーなどでは当然好意的な報道あるいは批評がなされたと思われる。

つまり、欧米向けに計画された奉祝演奏会は、クラシック音楽の世界において、同盟国以外においても報道され、反響がみられたという点では、日本の主催者側の意図が達せられたといえる。そして、その原因としては、史上初めてという企画のユニークさにあるといえる。反日感情が高まりつつあったイギリスにおいて、この企画に好意的な反響さえあらわれた原因もこれ以外には考えられない。しかし、アメリカの作曲家の協力を得られず、イギリスの作曲家の作品の演奏をとりやめたといった点で当初の計画通りに行かなかったことに示されるように、日中戦争の正当性の認知の機会とすることはできなかった。

なお、ブリテンを含む五曲の作曲家から送られてきた総譜は奉祝会が保管していたが、敗戦後、奉祝会の残務整理団体の光華会から東京芸術大学に寄贈され、とくにブリテンの総譜は、「外国人作曲家の自筆楽譜としては、本学の所蔵する最も価値あるもの」（『東京芸術大学創立一〇〇周年記念貴重図書展』所収の森泰彦氏の解説）となっている。

6　その他の記念行事、記念事業から

その他、音楽関係では二つほどあげておきたい。まずは、日本文化中央連盟（日文連）が、作曲を信時潔《のぶときき よし》に、作詞を北原白秋に委嘱し、一一月の紀元二六〇〇年奉祝芸能祭で初演されたカンタータ「海道東征」である（『祝典記録』）。信時は元東京音楽学校教授で当時五三歳。「海行かば」をはじめ、多くの歌曲（校歌も多数作曲している）を作曲している日本のクラシック音楽作曲界の重鎮である。このカンタータは題名から連想できるように、神武天皇の東征伝説を題材とした作品で、オーケストラ、合唱を用い、四部からなる大作である。その後も建国祭には演奏されていたそうだが（『現代日本朝日人物事典』の信時の項）、現在では忘れられた作品となっている。しかし、一九九〇年二月一一日にテレビ朝日系で放映された番組「題名のない音楽会」で第四部が演奏されたのを聴いたが、雄大な印象の佳曲で、お蔵入りにしておくのは惜しい作品である。

なお、日文連はこの際多くの日本人クラシック作曲家に作品を委嘱して初演しているが、当時は悪評だった（「戦時体制下の音楽会」）ものの、それらの多くは決して時局迎合的な作品ではなく、日本独自の西洋音楽を模索する当時の作曲界の風潮とマッチして、すぐれた作品が多いという（「楽曲解

説」)。

もう一つは、山田耕筰作曲のオペラ「夜明け」(のち「黒船」と改題)である。このオペラは、一一月二八日、山田の指揮、藤原義江らの出演で日本楽劇協会の紀元二六〇〇年記念公演として東京宝塚劇場で初演されている。これは日本人作曲による初の本格的オペラで、ペリー来航に題材をとった作品である。当時すでに日米関係が悪化していたことを考えると興味深い。

次に美術に移ろう。一〇月一—二二日と一一月三—二四日の両期間、東京府美術館(現東京都美術館)で開かれた(のち京都にも巡回)、紀元二六〇〇年奉祝美術展覧会は、文部省が中心となって、当時まだアカデミックには市民権を得ていなかった写真は別にして、美術界のほとんどのグループが参加して行なわれた大展覧会である。その図録が残っている(『紀元二千六百年奉祝美術展覧会目録』)。私はこの図録を国立公文書館で見たが、出品総数は五七五点、力作が多く、現代の素人愛好家でも知っている作家も多数名を連ねているし、作者が著名かどうかはともかく、現在でも企画展などで本展出品作が展示されることがある。

気になるのは作品の内容である。様式は多岐にわたっており(ナチス期のドイツのように擬古典風がとくに多いということはない)、題名から、だれが見ても明らかに紀元二六〇〇年にちなんだ作品(洋画にはずばり「紀元二六〇〇年」と題する抽象画がある)は全体の一割ほどで、戦争画や歴史画、占領地(中国)を描いたもの、「八紘一宇」などのイデオロギーを表象化したもの、富士山のような国粋的な題材（横山大観も得意の題材の富士山で「日出処日本」を出展している）など、紀元二六〇〇年に多少とも関連があるものは二割ほどで、あわせて三割ほどとなる。

この三割という数字には議論の余地がありうるが、テーマや様式の多様性が保たれていることはまちがいないので、全体としては、ナチスやソ連の美術展のように特定のイデオロギーのプロパガンダのために構成されたのではなく、それぞれの作家が持味を生かして自信作を寄せることで当時の日本美術界の水準の高さを示し、その結果として日本の国威を国民に印象づけようとした美術展であると意義づけられる。

また、すでにふれた以外の政府の奉祝記念事業は、いずれも奉祝会から文部省または関係自治体に実行が委託された文化的な事業なので、進行状況をここでふれておきたい（『祝典記録』）。なお、紀元二六〇〇年奉祝に関する政府の中心的機関であった評議委は一九四〇年末に廃止され、祝典事務局も一九四三年四月に廃止されて残務は内閣官房総務課に移管される。

まず、神武天皇聖蹟調査は、一九三八年一二月、文部省に歴史学者による神武天皇聖蹟調査委員会が設置されて調査が行なわれて一九ヵ所を聖蹟と決定した。その結果にもとづき、該当の各所に顕彰碑を建てるなどの整備事業が行なわれ、一九四一年一一月までに完了した。これにともなって、聖蹟が所在するとされる西日本の各県でも自県に関する聖蹟調査を行ない、報告書を刊行している。

次に『日本文化大観』の刊行であるが、一九三九年二月、文部省に、歴史学、美術史、文学史などの一流の研究者を集めた日本文化大観編修会が設けられて編纂が始まり、古代から中世までを扱った第一巻が一九四二年に少数部出版されたが、以後は戦争激化のため中断し、敗戦のため未完となった。

次に国史館の建設であるが、一九三九年三月、文部省に歴史学者による国史館造営委員会が作られ、委員会で用地を帝国議会旧議事堂跡（鹿鳴館跡。現在のＮＴＴ本社付近）とすることや、建物の設計案などがほぼ固まったところで、やはり戦争激化と、敗戦のため実現しなかった。

最後に、御陵参拝道路の改良は、京都府、奈良県、鹿児島県、京都市に奉祝会が委嘱して一九三九年五月から始まり、計四三ヵ所の工事が終了したのは一九四三年三月のことであった。

結局、政府の奉祝記念事業でほぼ予定通り実施できたのは、七事業中四事業にとどまった。実行された事業は橿原神宮、宮崎神宮、御陵参拝道路、神武天皇聖蹟調査と、いずれも神武天皇あるいは皇統に直接かかわる事業であり、その他は、一応国民の精神動員に役立つと意義づけしうる事業であっても後回しとなったのである。その原因はもちろん戦争の長期化、激化以外に考えられない。

要するに文化面に関しては、音楽や美術の世界で当時の日本の各界の水準の高さを示す試みが行なわれた。そこには万博やオリンピックの場合と同様の力学が働いている。つまり、紀元二六〇〇年という、当時の究極の名目を使わなければできないような企画が試みられたのである。そしてその試みはかなりの成果をあげたように思われるが、「紀元二六〇〇年」という言葉に災いされて不当な評価を受けている場合が少なくないようだ。

なお、記念行事は、本章でふれたもののほかに、ほとんどあらゆるジャンルの記念大会、スポーツ大会が行なわれているが、全部調べるのは筆者の手にあまるし、本書のテーマに関してはこれで十分であろう。

7　紀元二六〇〇年奉祝と国民動員

以上のように、一九三〇年代中ごろからの経済発展によって喚起された、広い意味での経済発展指向の強い運動によって国家の政策に採用された紀元二六〇〇年奉祝の動きは、日中戦争初期までそうした側面を名実ともに強く維持していた。しかし一九三八年初頭以降、戦時体制強化のなかでも事業を実施するため、地域や主唱者たちのなかから紀元二六〇〇年奉祝の動きが精神動員（国民教化）の面において戦時体制強化に役立つという論理が生み出され、やがて政府は経済統制強化のため紀元二六〇〇年奉祝の動きから物質面（つまり記念事業）を切り離し、精神動員の面においてのみこの動きを利用しようとしたが、政府がそうした方針を最終的に決定したのは、祝典実施構想が生まれてから九年もたった祝典実施一年半前のことであり、本格的に実行に移したのは祝典実施当年であった。しかも、統制経済下でのきびしい抑制方針にもかかわらず、奉祝記念事業として各地で地元の寄付金や勤労奉仕によって社会資本整備がかなりの規模で行なわれるとともに、統制下で規制された国民の欲求を一時的ながら充足させる口実となった。

つまり、紀元二六〇〇年奉祝の動向の中心は、広い意味での経済発展指向の色彩が濃い奉祝記念事業であり、最後の時点に至って政府によって精神主義的性格を濃くしたが、それ以前の動向の影響も濃厚に残存したのである。皇室ブランドは、一見、戦争によって発展のシンボルとしての機能を停止し、統合のシンボルとしてのみ機能したかのようにみえたが実はそうではなかったのである。言い換えれば、「紀元二六〇〇年奉祝」に関して、政府と一般国民とは同じ対象に違う意図でかかわる「同床異夢」の状態であった。

そして、第四章でみたように、日中戦争に関しても政府と一般国民は同じように「同床異夢」の状態であり、祝典当年の夏に始まった新体制運動を巨視的にみれば、全体主義によってこうした「同床異夢」状態の解決をめざす、「革新派」と呼ばれる政治家、軍人、官僚たちの政治的模索の集大成なのである。つまり、紀元二六〇〇年奉祝の動きは、新体制運動に代表される国民動員政策の一環ではなく、新体制運動発生の原因の一つなのである。しかし、その結果生まれた大政翼賛会は他の政治勢力（旧政友会や旧民政党の主流、内務官僚の主流、精神右翼）との主導権争いに「革新派」が敗北した結果、一九四一年春に至り「精動化」、つまり政治団体としての権能を奪われたことによって「革新派」の意図を実現するに至らず（『近衛新体制』）、むしろ紀元二六〇〇年奉祝記念事業は戦後にさまざまな遺産を残し、今も利用されているものも少なくない。それらのなかのいくつかはすでに紹介したが、次章では、規模の大きい遺産として、オリンピック、万博、東京の都市計画などについてみてみたい。

追記　本章に関連して、再校の際、本書の校正をされた方の指摘で、一九九八年二月三日のクリスティアン・ティーレマン指揮によるベルリン・ドイツ・オペラ管弦楽団の東京での演奏会で、前出のリヒャルト・シュトラウスの祝典曲が急遽演奏されることになったことを知った（『毎日新聞』一月二七日付夕刊。ただし、この記事には誤りが多い）。招聘元（財団法人日本舞台芸術振興会）に確認したところ、実際演奏されたとのことである。

第六章　戦後への遺産・影響

1　東京オリンピック（一九六四年）への遺産

一九四五年八月一五日、八年あまりにわたる戦争が日本の敗北で終わった。しかし、その後東西冷戦の進行、とくに朝鮮戦争をきっかけに復興は急速に進み、一九五〇年代末には生活水準も戦前のピーク時（日中戦争勃発前後）を超えた。さらに一九六〇年末、時の池田勇人自民党内閣は所得倍増計画を決定し、高度経済成長の時代が始まった。そうしたなか、一九六四年に第一八回オリンピック大会が東京で開かれ、日本の復興と成長を世界に印象づけることになった。一九三八年に返上したのと同じ東京が会場となり、しかも招致開始は一九五二年であるから、わずか一四年しかブランクがない。当然、なにか関連がないか調べてみたくなる。

一九四八年、日本はＩＯＣに復帰し（以下、特記以外『第一八回オリンピック競技大会公式報告書』）、独立回復直後の一九五二年五月には早くも東京都（東京都は一九四三年に東京府と東京市が合併して誕生）がオリンピック招致の意向を表明し、招致運動が始まった。ただし、その名目は、前回とは異なっていた。都議会の「国際オリンピック大会東京招致に関する決議」（五二年五月一九日可決）には、「独立日本が、国際社会の一員として、再出発するに当り」「スポーツ精神の交流によって、恒久平和の確立に寄与すること」を都民が要望しているとしており（『東京都議会史』第三巻中）、五三年三月七日可決の国会決議の際の提案者の趣旨説明もほぼ同趣旨である。つまり、東京や日本全体の発展の契機ではなく、日本が国際社会に復帰したことを確認することが招致開始時点での動機だったのである。

もちろん、皇室ブランド、とくに皇紀などが名目となることはありえなかった。国のありかたが天皇主権から国民主権に変わっただけでなく、「科学的歴史学」の名の下に皇紀の正当性が否定されたし、国際社会においても、日米安保体制のなかでは日本が強烈にその独自性を主張する必要性はまったくなくなっていたからである。これはあとでみる大阪万博の場合も同様である。

もっとも、一九五六年の第一六回大会がオーストラリアのメルボルンで開かれることが決まっており、しかもIOC加盟国の過半数がヨーロッパ圏であることから、二度連続でアジア・太平洋地域開催はありえないとして、早くから一九六四年大会の招致が目標となった。一九五七年一〇月には政府も招致運動の支援に本格的に乗りだし、一九五九年五月、一九六四年の第一八回大会の東京開催が決定し、九月にはオリンピック東京大会組織委員会が設立された。一九六二年五月には大会名誉総裁に昭和天皇が就任した。大会は一九六四年一〇月一〇日から二四日まで行なわれ、選手は九四ヵ国から五五五八人が参加し、一九七万五〇〇〇人あまりの観客を集めた。

前回との関連では、まず松永東の関与があげられる。松永は戦前東京市会議員として議長もつとめたが、第四章で万博の経済効果に期待を寄せる発言をしていた人物である。一九五七年に政府が招致支援に乗り出した際、関係者の懇談会を主催したのが当時岸信介内閣の文部大臣であった松永であり、のち組織委員の一人にもなっている。

次に会場についてである。まず、主会場は、前回、途中まで主会場となる予定であった明治神宮外苑で、すでに戦後着々と競技施設が建設されており（前回問題になったメインスタジアムも建てかえずみ）、若干の改修で対応した。明治の大博の遺産が活用されたともいえる。ボート競技会場は、一二回大会のために作った戸田ボートコースが若干改修の上ではあるが使用され、第二会場としては、前回最終的に主会場予定地となり、戦後駒沢公園となっていた場所が選ばれ、六つの施設が建設された。

また、選手村は、明治神宮隣の米軍用地が返還されて使われたが、これももとをたどると大博と関連が深い。というのは、ここは大博用地となった青山練兵場（のちの明治神宮外苑）が移転して代々木練兵場となっていた土地だからである。ここはオリンピック終了後代々木公園として都民の憩いの場となっている。要するに、スペースの面では、このオリンピックは明治以来の大イベント計画の遺産に実に多くを負っているのである。

さらに、都市改造の契機となったことも、前回の招致決定後の新聞記事の傾向を思い合わせると興味深いが、その内容は、その後の科学技術の発展を反映している。首都高速道路はこのとき建設されたのであるし、一都市の枠を超えた、東海道新幹線の建設、開通もこのときのことであった。ちなみに、紀元二六〇〇年とは直接関係はないが、新幹線計画は戦争中にもあり、一九四〇年に東京—下関間の予定で建設が一度開始されて、用地買収や新丹那トンネル（熱海）の建設が進んでおり、これらは戦後の新幹線建設に利用されている（『弾丸列車』）。その他、都市改造に関係しては、地下鉄の建設（主に営団日比谷線）、都内主要道路の整備、上下水道整備など、関連経費一兆円（一九六四年の国民総生産の約二・五パーセントに相当）といわれた。それだけの経済需要を生み出したのである。

また、資金調達についても、前回のオリンピックは基本的に東京市と国の負担、それに入場料による予定であったが、今回は、運営経費総額九九億円あまりのうち、三割弱の二八億円は宝くじや公営ギャンブル、一般からの募金などを東京オリンピック資金財団が集めた資金によっており、前回といささか異なる様相をみせている。

とにかく、東京オリンピックは、招致の発端こそ経済発展と直接の関係はなかったものの、従来の遺産と新しい科学技術を組み合わせることで実現し、東京の都市改造だけでなく、新幹線という新しい鉄道を生み出したことで国土開発の構想にも大きな影響を与えるなど、高度経済成長の真っ最中という当時の状況を色濃く反映していたのである。

また、札幌も一九七二年の冬季オリンピックの招致に成功した。直接の影響や関連はないようだが、戦前の招致運動から返上に至る経緯は招致運動の前史と位置づけられている（『第一一回オリンピック冬季大会公式報告書』）し、都市発展の契機と位置づけられ（『札幌オリンピック冬季大会』）、実際地下鉄をはじめ都市整備が実現した。

2　大阪万博（一九七〇年）への影響

一九七〇（昭和四五）年の三月から九月まで、大阪千里丘において、アジア初の万博が開催された。期間中の入場者はのべ六四〇〇万人にもおよび、経済効果は直接的には七〇〇〇億円（一九七〇年の国民総生産の一パーセント）、経済波及効果は一兆五〇〇〇億円といわれる大規模イベントとなった。筆者も父親に連れられて観に行き、疲れてぐずった記憶がある。会場が大阪であることから、一九四〇年万博構想と一見無関係にみえるが、そうではない。

今回の万博構想は、日本が一九六三年九月にＢＩＥ（博覧会国際事務局）から「国際博覧会に関する条約」加盟を勧誘されたことにはじまる（以下、特記しない限り、『日本万国博覧会公式記録』）。戦前の日本はこの条約に調印はしていたが批准しておらず（『万国博物語』）、一九四〇年万博はＢＩＥ公認の万博ではないが、非公認の万博は珍しくなかった。

そして一九六四年二月、自民党の参議院議員豊田雅孝が党の政務調査会貿易対策特別委員会において万博の日本開催を提案し、四月には国会審議の場で政府にも申し入れた。これがこの問題が国政の場で課題となるきっかけとなり、八月以後政府も明治百年を記念する意味もあるとして（結局以後そうした名目が公式に掲げられることはないが）開催の方向で検討を開始するに至ったが、読者の方々はこの豊田という名前には見覚えがあるはずである。そう、彼こそ、一九四〇年万博の際、商工省の万博監理課長であった人物である。彼は敗戦直後商工次官までのぼりつめて退官し、一九五三年から参議院議員（全国区）となっていた（ただし途中落選あり）。彼は中小企業関係団体を支持基盤としていたことから、もちろん中小企業振興という立場からの提案ではあったが、万博に深くかかわった人々の中でこの時最も国政に影響力のある立場にいたこともあり、一九四〇年万博関係者の悲願を代弁したという面も見逃せない。

さらに、彼が提唱者となったことは開催地の選定に大きな影響を及ぼした。彼は中小企業関係団体をバックに全国区で選出された議員であったため、東京の地域利害を代表して提案したわけではなかった。しかも大阪（府・市）が、一九五四年ころから万博を大阪の経済的地位回復の格好の機会と考えて、国際見本市の開催など、万博誘致の基盤作りを進めていたこと（『日本万国博覧会と大阪市』）もあって、豊田の行動にいち早く反応して誘致活動を開始した。もちろん東京都も誘致の動きをはじめたものの、出遅れた上、すでにオリンピック開催で多大な利益を享受しており、当初から近畿地方で開催するという方向で話が進み、大阪開催となったのである。

結局、一九六五年九月にＢＩＥ条約による第一種万博としての大阪開催が正式に決定し、一〇月に財団法人日本万国博覧会協会（万博協会）が設立され、本格的な準備が始まった。当時（第一次佐藤栄作内閣）万博担当大臣であった三木武夫通産大臣は、六六年四月二八日の衆議院本会議で、この万博の目的を、「わが国を広く世界に理解せしめ」「諸外国との文化交流と輸出の飛躍的増大をはかり、さらにわが国の国際観光に資する」（衆議院の議事録）と述べている。この万博の場合は、すでにオリンピックを成功させて国際社会における日本の認知という課題は一応達成されたためか、経済発展の契機としての面が公然と目標になっている。一九四〇年万博の場合、経済発展の契機という面が本音にとどまったことと比較すると、日本の国際社会の中での立場の変化がよくわかる。そのなかで、一九六六年八月、万博協会は、一九四〇年万博の入場券を今回も有効とすることを決定、公表したのである。

先に述べたように、一九四〇年万博の入場券は延期後の万博に有効ということで払い戻しはされなかったが、敗戦で開催の見込みが立たなくなったことから、一九四六年四月に日本交通公社を通じて払い戻しが行なわれた。しかし、一万四〇〇〇冊―四万二〇〇〇冊程度は払い戻しされずに残っていると推定された。当初万博協会は、一九四〇年万博の際の万博協会と今回の万博協会はまったく別組織であることからこれを無効とし、法的にも問題はなかったが、国会審議の場で、一九四〇年万博の入場券は「国債と同じようなムードで販売されたうえ、当時としてはかなり高額であった」「戦争の激化で入場券所持者の移動が激しく、払戻しを請求できなかった人も多い」などの理由でより積極的な対応の希望が出た。そこで、万博協会は宣伝効果を期待して方針を変更したのである。具体的には、欠票のない入場券綴り一冊につき大人一名または子供二名の入場を認め（特別入場券を交付）、持参した入場券は判を捺して返却することとなった。そして実際、三〇七七枚の特別入場券が交付された。子供が使った場合を考えても、二〇〇〇綴り以上が持参されたことになる。

このように、大阪万博も一九四〇年万博構想と深い関連があることがわかる。そしてそのことは当然ながら、大阪万博が、西郷従道の提案以来八十数年にわたり断続的ながら続いた万博開催の動きの歴史の上に実現したことも意味している。

なお、今回の資金調達にも宝くじやギャンブル収益が使われているほか、大阪の都市整備（高速道路、地下鉄その他）や経済発展に多大の効果をあげたことは、大阪市が編んだ『日本万国博覧会と大阪市』の誇らしげな記録ぶりからうかがわれる。

3　東京の都市計画への遺産など

東京都二三区内とその近辺にある大規模公園の多くが紀元二六〇〇年と関係があるといったら皆さんは驚かれるだろうか。駒沢公園や明治神宮外苑、それからこじつけに近いが代々木公園も関連があることはすでに述べたが、砧《きぬた》（世田谷区）、神代《じんだい》植物（調布市）、小金井（小金井市）、舎人《とねり》（足立区）、水元（葛飾区）、篠崎（江戸川区）の各都立公園は、いずれも、第四章5でふれた東京府の大緑地計画の遺産であることを、越沢明氏が明らかにしている（『東京都市計画物語』）。

それによると、そもそも、この計画は一九三〇年代前半から内務省や東京府で検討されていた緑地計画の一部であり、決定が戦時下となったことから、紀元二六〇〇年記念とし、かつ防空を第一義的な名目としたらしい。大部分の用地買収が進んだところで敗戦となり、六割は農地解放政策の一環として、農地として売却されてしまった（一部はのち買い戻された）が、その一部が前記の六公園として生き残り、人々の貴重な憩いの空間となったのである。越沢氏は、紀元二六〇〇年記念大緑地を含む戦時期の緑地計画について、「東京で公園・緑地の用地買収がこれほど大規模に実施されたのは明治以来今日に至るまで、この戦時期のみであった」と評価している。まさに戦争をはさんで、紀元二六〇〇年奉祝の動きのなかに強くあった社会資本整備指向が大きな遺産を残したのである。

しかも話はこれで終わらない。奉祝式典に使用された式殿は光華殿と名づけられ、小金井公園内に建設された文部省の国民錬成所の建物として一九四二年に移築された。戦後は学習院中等科の建物となり、現在の天皇が学んだりしたが、小金井公園内に一九九三年に開設された江戸東京たてもの園（東京都の外郭団体が運営、東京の歴史を彩ってきた建物が移築展示されている）のビジターセンターとなり、たてもの園の出入口兼休憩所として毎日多くの人々に利用されている（『江戸東京たてもの園物語』）。五〇年の時の流れは、国民の精神動員のために建てられ、利用されていた施設さえ、人々が楽しみながら歴史を学ぶ、憩いと学習の場にその役割を変化させたのである。

ちなみに、私も一九九六年の秋に行ってみた。内部外部ともにかなり改修されてはいるが、その大きさから奉祝式典の情景を想像することは可能で、紀元二六〇〇年奉祝にかかわる研究を続けてきた者として、正直いって感慨無量であった。

歴史にかかわる施設にまつわる話が出たついでだが、千葉県佐倉市にある国立歴史民俗博物館（一九八三年開館）もまた紀元二六〇〇年と無縁ではない。この施設は日本史に関する展示ばかりでなく研究も行なう施設であるが、いうまでもなくこうした施設の構想はあの国史館が最初であり、『国立歴史民俗博物館十年史』においても、国史館はその前史として位置づけられているのである。

紀元二六〇〇年奉祝とは、遠い昔のできごとではなく、しかも国民を戦争に動員するためだけのイベントでもなかったことを、われわれは今でも実感することができるのである。

おわりに

本書で明らかになったことをまとめると、以下のようになるだろう。一八七二年の皇紀法制化の経緯に典型的にみられた国民統合指向と、日露戦後の万博にむけての合意形成過程で典型的にみられた経済発展指向が、一九三〇年に紀元二六〇〇年記念を名目にオリンピック招致運動が始まったことを契機に相関連することとなった。そして、皇室ブランドという正当化のシンボルをめぐって、国民統合指向と、経済発展指向という二つの論理がせめぎ合いながら、国家としての紀元二六〇〇年奉祝記念事業と記念行事という方向に話が発展した。当初この構想が広く合意や関心を獲得していったのは経済発展指向の文脈であり、それはさまざまな便乗の動きを生み出していった。その後、日中戦争期の戦時体制強化のため国民統合という方向性が大きく表面化したものの、底流では経済発展指向が社会資本や文化の発展など広い意味での発展指向として残り、それが戦後にさまざまな影響や遺産をもたらすことになったのである。

以上の過程でなんといっても特徴的なのは、それぞれのイベント構想と皇室ブランドのかかわり方である。紀元二五五〇年記念や二六〇〇年奉祝、あるいは天皇即位五〇年記念などと銘打たれた万博やオリンピックやそれらの便乗企画のみならず、橿原神宮の創設や、同神宮や宮崎神宮の拡張など、どれをとっても共通しているのは、第一に、多くの場合、皇室ブランドが名目とされたのは建前であり（延期の口実に使われたケースさえあった）、第二に、各段階（地方議会や地域社会、帝国議会や諮問機関）で合意を獲得していく最大の要因（本音）が、地域、あるいは国家レベルでの経済発展という効用への期待であり、その裏には、個人、業者、企業、業界（つまり民間）の利益の獲得や増大が計算されていたことである。こうしたことは、第二次大戦後の万博やオリンピックがとくに建前的な名目を掲げていないことと対照的である。

では、どうして戦前はこうした建前としての名目が多用されることになったのだろうか。この問題を考える際、鍵となるのは、戦前と戦後の国家目標の掲げられ方の違いである。戦前は、戦後の「所得倍増計画」のように、個人や家庭の生活を豊かにすることが国家目標に掲げられたことは一度もなく、政党内閣期を含め、あくまでも国家全体の力（輸出力や軍事力など）を拡大することが掲げられていた。これは、第一次大戦後のほんの一時期を除き、第二次大戦終結までの国際社会が実質的には弱肉強食の世界であり、日本がそのなかで新興の近代国家であったことを考えれば不思議ではない。こうしたなかでは、戦勝ムードの真っ只中であった日露戦後の万博計画の初期段階を除けば、実際は民間の利益が期待されていたとしても、一段高いと考えられる名目を掲げることが必要と認識されたのである。

その場合、当時の日本は天皇主権の国であり、皇統の長さが国民国家としてのアイデンティティーの形成に用いられており、しかも太平洋戦争敗戦まで、国民（といっても自分を「日本人」と認識している場合）の大多数は天皇主権という国家のありかたに疑問を抱くことがなかったことを考えれば、究極の名目として、皇紀に代表される皇室ブランドが採用されたのはむしろ自然の勢いといえる。

なお、国家のありかたに関して補足すれば、第三章で、阪谷が満州事変直後の日本を「自由」な国と評したことを紹介したが、皇室ブランドが利益追求に利用されることが公然と発言されたり報道され、それらへの批判が力をもったのが日中戦争長期化後のことであったことは、阪谷の認識を傍証しているといえないだろうか。

それにしても、ビッグイベントにあやかって利益追求に走る民間のバイタリティーは実にすさまじいものがあった。もちろん、最近の日本史研究で明らかになってきたように、こうした活力は近代になって突然出てきたものではなく、潜在的には中世以来の背景がある（『日本国王と土民』）。しかし、日本が明治維新によって、経済活動およびそれにまつわるさまざまな自由（言論、職業、居住の自由など）が原則として許される近代国家となったことによって、欲望の追求という人々の欲求が一気に解放されたことが、こうした活力に満ちた社会を生み出したのである。

この「欲望の追求」という点に関連して注意しておきたいのは、万博、オリンピックなどのイベントと戦争の関係である。日露戦争といい、日中戦争といい、戦争もまた賠償金や領土など、経済的利益の追求という側面があり、少なくとも一般の国民の多くは戦争にそれを最も期待していたことである。逆にいえば、戦争も博覧会や紀元二六〇〇年奉祝イベントも同じく経済的利益追求の手段の一つという面では共通しており、戦争のほうが儲かるのであればそれでも良かったのである。戦時中の「欲しがりません勝つまでは」という有名な標語は、逆にいえば「勝てば欲しがるぞ」ということを意味しているのである。

もちろん戦争、とくに近代戦は尋常ならざる行為である。戦場に駆り出されれば、想像を絶する恐ろしい状況のなか、死の危険と隣り合わせとなり、生きて帰っても心身に深い傷を負うことが少なくなかった（『誰にも書けなかった戦争の真実』はそうした状況が第二次世界大戦中の連合国軍でも同じであったことを教えてくれる）。しかし、日本に限っていえば、一九四五年に太平洋戦争で敗戦するまで（細かいことをいえば一九三九年のノモンハン事件まで）は日本は負けたことがなく、太平洋戦争末期まで領土が直接本格的に攻撃されることもなかった。将兵は奮闘すれば金鵄勲章のような栄誉を与えられたし、戦死傷者は納得すべき名誉と居場所（靖国神社のような）を一応与えられ、戦場に行かなかった者は、太平洋戦争期の空襲経験者などを除き、その恐怖を実感することはなかった。こうしたなかでは絶対平和などという考え方は決して顧みられることはない。

ここまでの考察から浮かびあがってくる敗戦までの近現代の日本は、社会の支配的な雰囲気としては「欲望の追求」がすでに肯定され、同時代人のなかからも過剰だと感じられるほどにそれが行なわれる社会であった。その点では、同時期の欧米先進国ともなんら変わらない状況を呈していたのである。ここからは、従来よくあった、マルクス主義的な発展段階論や、理想化した西洋近代をものさしとして日本近代の「遅れ」「ゆがみ」を指摘するような、日本近現代史を一方的に「暗い」「悪い」ととらえることにつながる枠組みとは違う歴史の見方が浮かび上がってくる。一方、利益を求めてのバイタリティーあふれる人々の動きは、決して英雄的な物語ではなく、われわれとそれほど距離を感じさせないという点で、一方的な日本「賛美」とも違う歴史の見方を示唆しているのである。

あとがき

筆者の「本業」は、日本近現代史、とくに一九三〇—四〇年代の官僚や軍人、政党勢力の政治史的研究であるが、その一方で、彼らの思想や行動の背景となる、その時期の時代精神のありようにも関心をもち、狭い意味での政治史以外の分野にも視野を広めるよう努めてきた。

そうしたなかで、一九八六年一一月に、本書でも引用したNHKテレビの番組「N響の六〇年」を見たことが「紀元二六〇〇年」イベント研究のきっかけとなった。その翌年の暮れ、修士論文提出後の暇つぶしに研究をはじめた。最初の論文を書いたあと、「本業」に力を入れるためいったん遠ざかっていたが、しばらくして研究を再開したところ、多くの幸運も重なってたいへんエキサイティングな研究体験となり、多くの方々におもしろがっていただくこともでき、ついにはおそらくこのテーマに最もふさわしい新書という形でまとめる幸運に恵まれた。調査の過程で奈良県、大阪府、宮崎県などに出かけたことも今は楽しい思い出となった。

本書は、「参考史資料目録」の1に記載した五つの論文、エッセーを基としているが、今回執筆にあたって、初出時のいくつかの誤り（尾崎行雄の所属党派など）を訂正し、エピソードや論点を大幅に追加し（逆に削除した部分もある）、文章も大幅に改訂した。そのため分量的には倍以上になった。ただし、先行研究の詳細な検討は省略したので、初出の諸論文をご参照願いたい。また、第五章の一部は、近刊予定の『戦時期日本のメディア・イベント』(津金澤聰廣・井上俊・有山輝雄編著　世界思想社)に収録予定の未発表の拙稿「紀元二千六百年奉祝会開催イベントと新聞社」の一部とも重複している。同書は拙稿以外にも紀元二六〇〇年関係の論文がいくつか収録される予定であり、本書とあわせてご覧いただきたい。

それにしても、本書では実に多くの専門領域に首を突っ込むという「蛮勇」をふるってしまった。当然それぞれの領域の専門家の方々からはご批判がおありと思うが、本書のようなクロスオーバー的な研究によって初めて見えてくるものもあるということでご容赦いただきたい。また、このテーマに関して、もっと書くべきことがあるかもしれないし、書きたいことや、調べきれず心残りとなった点もないわけではないが、この研究を通して考えたことはほぼ書くことができたし、これだけ大きなテーマとなるとしょせん一人でできることには限りがある。本書の内容に物足りなさや不満をおもちになった方は、ぜひご自分で研究にチャレンジしていただきたい。

本書をまとめるまでには実に多くの方々や諸機関のお世話になった。本書のもととなった論文やエッセーを書いたり、その前提として学会(史学会大会)や研究会(メディア史研究会、メディア・イベント史研究会)で報告する機会を与えていただき、論文、エッセーの本書への転載を許可してくださった、佐々木隆、有山輝雄、津金澤聰廣の諸先生方と史学会、山川出版社、史資料収集でとくにお世話になった、佐々木隆先生、中野目徹、山口輝臣、吉村保の諸氏、史資料の編著者や製作者の方々、史資料所蔵の諸機関（各地の大学や公共の図書館を含む）、前記の論文やエッセー、学会や研究会での報告に対しご意見、ご批判をくださった方々（恩師の伊藤隆先生を含む）、授業でとりあげた際、時に我慢して、時に目を輝かせて聞いてくれた学生諸君、すばらしい研究環境を与えてくださった、広島大学総合科学部（とくに佐竹昭先生）と現在の職場である横浜市立大学国際文化学部（とくに今谷明先生）の同僚の先生方、本書では残念ながらその成果を生かせなかったが、筆者の調査にご協力くださった歌田勝彦氏（内閣紀元二千六百年祝典事務局長歌田千勝のご子息）、本書を担当してくださった中公新書編集部の早川幸彦氏、校正の方々、早川氏に筆者を紹介してくださった楠精一郎先生に深く感謝したい。

最後に、私事にわたって恐縮であるが、本書の原稿の最初の読者であり、多大な協力を惜しまなかった妻に本書を捧げたい。

一九九八年二月

古川隆久

参考史資料目録

凡　例

1　原則として表題名アイウエオ順。ただし外国の史資料は、各項目の最後でアルファベット順。各項目は原則として表題、編著者、刊年、出版元の順に記した。
2　新聞、雑誌類の所蔵先や復刻版の有無などは、大学や公共の図書館などに備えられている各種の目録によって検索が可能なので省略した。
3　「あとがき」のみで言及した史資料は除いた。

1　本書のもととなった古川の論文・エッセー（本項目のみ発表順）

「『紀元二六〇〇年奉祝』と対外文化交流」（近代日本研究会編『年報　近代日本研究』一二　一九九〇　山川出版社）
「紀元二千六百年奉祝記念事業をめぐる政治過程」（『史学雑誌』一〇三―九　一九九四）
「紀元二千六百年」（大口勇次郎・五味文彦・佐々木隆編『日本史史話』三　一九九四　山川出版社）
「紀元二千六百年奉祝と日中戦争」（『メディア史研究』三　一九九五）
「日本大博覧会計画について」（『横浜市立大学論叢』〔人文科学系列〕四八―一　一九九七）

2　辞典類（一部本文中に明記しなかった文献を含む）

『議会制度百年史』院内会派衆議院の部、衆議院議員名鑑、貴族院・参議院議員名鑑　衆議院・参議院編（一九八九　大蔵省印刷局）
『現代日本朝日人物事典』朝日新聞社編刊　一九九〇
『国史大辞典』全一五巻　国史大辞典編集委員会編　一九七九—九七　吉川弘文館
『コンサイス人名辞典　日本編』三省堂編修所編（上田正昭・津田秀夫・永原慶二・藤井松一・藤原彰監修）一九七六　三省堂
『事典　昭和戦前期の日本』百瀬孝（伊藤隆監修）一九九〇　吉川弘文館
『戦前期日本官僚制の制度・組織・人事』（秦郁彦著・戦前期官僚制研究会編　一九八一　東京大学出版会）

3　新聞

『大阪朝日新聞』『国民新聞』『時事新報』『電気日報』（本書では後出阪谷「日本産業協会日記」に添付分を使用）『東京朝日新聞』『東京日日新聞』『奈良新聞』『報知新聞』『都新聞』『宮崎新聞』
New York Times

4　雑誌など

『音楽世界』『官報』『紀元二千六百年』『キング』『皇国時報』『週報』『政友』『大日本帝国統計年鑑』『東洋

経済新報』『奈良県報』『万博』
Newsweek, The Music Review, The Musical Times

5 公刊史料集

『石原廣一郎関係文書』下巻　赤澤史朗・粟屋憲太郎・立命館百年史編纂室編　一九九四　柏書房
『現代史資料』四二　掛川トミ子編　一九七六　みすず書房
『国家総動員史』資料編第一　石川準吉編　一九七五　国家総動員史刊行会
『資料日本現代史』一〇　吉田裕・吉見義明編　一九八四　大月書店
『西山光一日記』西田美昭・久保安夫編著　一九九一　東京大学出版会
『原敬日記』二　原奎一郎編　一九六五　福村出版
『松本学日記』伊藤隆・広瀬順皓編　一九九五　山川出版社

帝国議会の議事録は、マイクロフィルム版も含め数種刊行されているが、ここでは最新の版として、東京大学出版会から刊行中の『帝国議会貴族院・衆議院議事速記録』（本会議の議事録）『帝国議会衆議院委員会速記録』をあげておく。また、戦後の議事録は「国会会議録」と総称する。

6 未公刊史料（本項目のみ所蔵機関別、文書名順、カタカナはひらがなとした）

(1)外務省外交史料館蔵「外務省記録」
「体育並運動競技関係雑件」第七巻

「帝国祝祭典関係雑件（紀元二千六百年祝典関係）」第五巻
「日本大博覧会開設一件」第三巻
(2)国立公文書館蔵「各種調査会委員会文書」
「紀元二千六百年祝典事務局書類」
「紀元二千六百年祝典準備委員会書類」
「紀元二千六百年祝典評議委員会書類」
(3)同右「公文別録」
「亜細亜大博覧会開設の件」（明治一八年農商務省）
(4)同右「公文類聚」
「博覧会開設調査委員設置の件」（明治三八年産業門）
「日本大博覧会開会延期可相成に付東京市納付金還付に関する件」（明治三九年産業門）
「日本万国博覧会計画実施要綱に関する件」（昭和一一年産業門）
(5)国立国会図書館憲政資料室蔵「井上馨関係文書」
一九〇七年一二月一六日付西園寺公望あて井上馨書簡
(6)同右「斎藤実関係文書」
「皇紀二千六百年紀念万国大博覧会開催に就て」
「皇紀二千六百年紀念万国博覧会関係書類」
(7)同右「阪谷芳郎関係文書」

「家庭日記」
「日本産業協会日記」
(8)同右「松本学関係文書」
『皇紀二千六百年を期せよ』

7 研究者、研究家による著作（『 』は単行本、「 」は論文、エッセー）

『アート・キッチュ・ジャパネスク』井上章一　一九八七　青土社
『オリンピックの政治学』池井優　一九九二　丸善
『改訂版　万国博覧会―技術文明史的に―』吉田光邦　一九八五　日本放送出版協会
『近代天皇像の形成』安丸良夫　一九九二　岩波書店
『近代日本公園史の研究』丸山宏　一九九四　思文閣出版
『近代日本の思想動員と宗教統制』赤澤史朗　一九八五　校倉書房
『草の根のファシズム』吉見義明　一九八七　東京大学出版会
『国家神道形成過程の研究』阪本是丸　一九九四　岩波書店
『近衛新体制』伊藤隆　一九八三　中央公論社
『昭和史』1　中村隆英　一九九三　東洋経済新報社
『昭和戦中期の総合国策機関』古川隆久　一九九二　吉川弘文館
『神武天皇と日本の歴史』中山久四郎編　一九六一　小川書店

『図説万国博覧会』吉田邦光編　一九八五　思文閣出版
『政教社の研究』中野目徹　一九九三　同右
『誰にも書けなかった戦争の真実』ポール・ファッセル（宮崎尊訳）　一九九七　草思社
『弾丸列車』前間孝則　一九九四　実業之日本社
『東京芸術大学創立一〇〇周年記念貴重図書展』東京芸術大学付属図書館編刊　一九八七（紀元二六〇〇年奉祝楽曲楽譜に関する森泰彦氏の解説部分）
『東京都市計画物語』越沢明　一九九一　日本経済評論社
『奈良県の百年』鈴木良・山上豊・竹末勤・竹永三男・勝山元照　一九八五　山川出版社
「日米関係史概説」増田弘　一九七七　南窓社
『日本議会史録』一　内田健三・金原左門・古屋哲夫編　一九九〇　第一法規出版
『日本国王と土民』今谷明　一九九二　集英社
『日本のホテル産業史』木村吾郎　一九九四　近代文芸社
『博覧会の政治学』吉見俊哉　一九九二　中央公論社
『ハンガリー史』二　パムレーニ・エルヴィン編（田代文雄、鹿島正裕訳）　一九八〇　恒文社
『万国博物語』浜口隆一・山口広　一九六六　鹿島出版会
『幻の東京オリンピック』橋本一夫　一九九四　日本放送出版協会
『宮崎県の百年』別府俊紘・末永和孝・杉尾良也　一九九二　山川出版社
「明治改暦」岡田芳朗　一九九四　大修館書店

『明治憲法体制の確立』坂野潤治　一九七一　東京大学出版会
『ラジオ・トウキョウ』Ｉ　北山節郎　一九八七　田畑書店
『陸軍将校の教育社会史』広田照幸　一九九七　世織書房
『Ｒ・シュトラウス』安益泰・八木浩　一九六四　音楽之友社
『旅行ノススメ』白幡洋三郎　一九九六　中央公論社
Britten, Christopher Headington, 1981, Eyre Methuen
「仮称国史館」丸山二郎（『古文化の保存と研究』黒板博士記念会編刊　一九五三　吉川弘文館）
「楽曲解説」片山杜秀（後出『山田耕筰の遺産』一五）
「楽曲について」クリストファ・Ｎ・野沢（後出『山田耕筰の遺産』一二）
「観光・厚生・旅行」高岡裕之（『文化とファシズム』赤澤史朗・北河賢三編　一九九三　日本経済評論社）
「皇紀二千六百年と眠っていた楽譜」小宮多美江（『文化評論』一九八八・三）
「国家神道の形成と展開」孝本貢（『講座神道』第三巻　桜井徳太郎・大浜徹也編　一九九一　桜楓社）
「札幌オリンピック冬季大会」川村隆盛（『さっぽろ文庫16　冬のスポーツ』札幌市教育委員会文化資料室編　一九八一　北海道新聞社）
「戦時体制下の音楽界」戸ノ下達也（前掲『文化とファシズム』）
「その頃わたしは」構成中沢利恵子（『銃後史ノート』復刊三号〔通巻六号〕一九八二）
「第三回内国勧業博覧会と亜細亜大博覧会計画」鈴木宏宗（『法政史学』二〇　一九九三）
「血と大地」小松弘（『現代思想』一九八八・三）

「二・二六事件前後の内務官僚」古川隆久（『日本歴史』五八九　一九九七）
「日本ファシズムの形成と『新官僚』」小田部雄次（『日本ファシズム(1)』日本現代史研究会編　一九八一　大月書店）
「『八紘一宇』のかげで」今井清一（『昭和史の瞬間』上　朝日ジャーナル編集部編　一九六六　朝日新聞社）
「明治憲法下の神祇官設置問題」山口輝臣（『史学雑誌』一〇二―二　一九九三）
「明治神宮の成立をめぐって」山口輝臣（『日本歴史』五四六　一九九三）
「洋楽放送五十年」一五　増井敬三・三善清達・後藤和彦（『音楽の友』一九七五・三）

8　その他の文献

『朝日新聞販売百年史（大阪編）』大阪本社販売百年史編集委員会編　一九七九　朝日新聞大阪本社
『江戸東京たてもの園物語』企画編集江戸東京たてもの園・スタジオジブリ　一九九五　東京都江戸東京博物館
『海外博覧会本邦参同史料』第四編　博覧会倶楽部編刊　一九二九
『橿原神宮史』全三巻　長尾薫監修　一九八一　橿原神宮
『株式会社三越八五年の記録』三越編刊　一九九〇
『紀元二千六百年記念日本万国博覧会概要』紀元二千六百年記念日本万国博覧会事務局編刊　一九三八
「紀元二千六百年祝典記録」全一五巻　紀元二千六百年祝典事務局　一九四三　内閣印刷局
『紀元二千六百年奉祝美術展覧会図録』文部省編　一九四〇　美術工芸会

『建国の精神に還れ』永田秀次郎　一九二六　実業之日本社
『国立歴史民俗博物館十年史』国立歴史民俗博物館編刊　一九九一
『阪谷芳郎伝』故阪谷子爵記念事業会編刊　一九五一
『商工政策史』第三巻　通商産業省編　一九六二　商工政策史刊行会
『「昭和」聞き語り』毎日新聞西部本社編　一九九一　葦書房
『昭和東京ものがたり』2　山本七平　一九九〇　読売新聞社
『神社局時代を語る』神祇院　一九四二　神祇院教務局調査課
『新版　店史概要　松坂屋』竹中治助編　一九六四　松坂屋
『人物通信』伊藤金次郎　一九四三　白林書房
『神武天皇論　宮崎神宮史』神社新報社編　一九八四　宮崎神宮社務所
『世外井上公伝』第五巻　井上馨侯伝記編纂会　一九三四　内外書籍
『戦前の情報機構要覧』著者版元不明　一九六四（『言論統制文献資料集成』二〇〔一九九二　日本図書センター〕として復刻）
『第一一回オリンピック冬季大会公式報告書』札幌オリンピック冬季大会組織委員会編刊　一九七二
『第十二回オリンピック東京大会組織委員会報告書』永井松三編　一九三九　第一二回オリンピック東京大会組織委員会
『第十二回オリンピック東京大会東京市報告書』東京市役所編刊　一九三九
『第一八回オリンピック競技大会公式報告書』上　オリンピック東京大会組織委員会編刊　一九六六

『高島屋百年史』大江善三編　一九四一　高島屋本店
『断腸亭日乗』永井荷風（『荷風全集』第二二巻　荷風全集刊行会編　一九五二　中央公論社）
『天業奉頌』紀元二千六百年奉祝会編刊　一九四二
『東京市会史』第三巻　東京市会事務局編刊　一九三三
『東京市紀元二千六百年奉祝記念事業志』東京市役所編刊　一九四一
『東京都議会史』第三巻中　東京都議会事務局編刊　一九五八
『東京都交通局六〇年史』東京都交通局編刊　一九七二
『東京百年史』第四巻　東京都編刊　一九七二
『東京湾埋立物語』東亜建設工業株式会社編刊　一九八九
『内外博覧会総説』永山定富　一九三三　水明書院
『内務省史』全四巻　大霞会編　一九七一　地方財務協会
『奈良県政七十年史』奈良県編刊　一九六二
『日観協二五年史』日本観光協会編刊　一九九一
『日本交通公社五〇年史』日本交通公社編刊　一九六二
『日本国有鉄道百年史』第一一巻　日本国有鉄道編　一九七三　交通協力会
『日本書紀』一　坂本太郎・家永三郎・井上光貞・大野晋校注　一九九四　岩波書店
『日本万国博覧会公式記録』第一巻、第二巻　日本万国博覧会記念協会編刊　一九七二
『日本万国博覧会と大阪市』大阪市編刊　一九七一

『ボクラ少国民』山中恒　一九七四　辺境社
『松屋百年史』社史編集委員会編　一九六九　松屋
『宮崎県会史』第六編、第七編　宮崎県議会事務局編刊　一九六五、一九六六
『宮崎県経済史』宮崎県企画局編　一九五四　宮崎県
『宮崎県政八十年史』下　宮崎県編刊　一九六七
『明治神宮外苑志』明治神宮奉賛会編刊　一九三七
『明治天皇紀』第七　宮内庁編　一九七二　吉川弘文館
『明治文化全集』第一巻　明治文化研究会編　一九二八　日本評論社
『雍仁親王実紀』秩父宮家　一九七二　吉川弘文館

9　映像・音声史資料

「N響の六〇年」(一九八六年一一月三日　NHKテレビ放映)
「新日曜美術館」(一九九七年八月三日　NHK教育テレビ放映)
「孫悟空」(劇映画)山本嘉次郎監督　東宝　一九四〇年製作
「題名のない音楽会」(一九九〇年二月一一日　テレビ朝日系列放映)
「日本ニュース」一、二三、二七号　日本映画社〔ニュース映画〕(原資料はNHK所蔵。川崎市市民ミュージアムビデオライブラリーで視聴可能)
『山田耕筰の遺産』一二〔コンパクトディスク〕一九九六　日本コロムビア

『リヒャルト・シュトラウス自作自演集』〔コンパクトディスク〕一九九〇　ポリドール〔ドイツ・グラモフォン〕

補　論

本書は、中公新書の一冊として一九九八年三月に刊行された。小生としては、博士論文を刊行した『昭和戦中期の総合国策機関』（吉川弘文館、一九九二年）につぐ二冊目の著書である。ありがたいことに、『毎日新聞』が読書欄に著者インタビューを掲載してくださったので、(1)増刷を全く期待しなかったといったらうそになるが、それはかなわなかった。(2)

それでも、ゆまに書房が、本書で中心的な史料として活用した『紀元二千六百年祝典記録』を史料集として刊行する企画を立て、解説執筆の依頼を受けた。この企画は「近代未刊史料叢書２」として一九九九年五月に第一回配本となったが、売れ行きが今一つで、(3)小生執筆の「解説」が掲載された「別巻」を含む第二回配本は二〇〇二年一一月になった。

また、ありがたいことに、その後、様々な学問分野の研究者の方々が本書に関心を持ってくださってきた。CiNii Articles（NII学術情報ナビゲータ　日本の論文をさがす）の論文検索で検索すると、「紀元二千六百年」を題名に含む敗戦後の論考（以下同じ）二九編中二七編が、「紀元２６００年」一七編中一三編、「紀元二六〇〇年」二編すべて、「皇紀二千六百年」二三編すべて、「皇紀２６００年」

七編中四編、「皇紀二六〇〇年」二編すべてが、本書刊行以後の刊行である（二〇一九年一二月二六日現在）。その他、単行本や論文集収録の論文も含めれば、本書刊行以後、「紀元二千六百年」にかかわる歴史の研究が広がりを見せはじめたことはまちがいない。それらの中での本書の使われ方を見る限り、本書によって祝典実施に至る経緯が明らかになったことが研究の促進につながったと考えられる。(5)

そうした中、本書の主題に関して大きな争点となってきたのは、人々の消費意欲と国家イデオロギーの関係である。この点について問題提起をした研究が、二〇一〇年の一二月に刊行されたケネス・ルオフ（木村剛久訳）『紀元二千六百年―消費と観光のナショナリズム』（朝日新聞出版）である。原著（英文）は同年一〇月にコーネル大学出版局から刊行された。著者はアメリカの歴史学者で、天皇制研究者として活躍しておられる。

ルオフ氏は、同書の最初の注で先行研究として本書をとりあげてくださり、小著をあくまで「記念行事の計画過程の研究」と位置づけ、「古川は、戦時中の日本国が絶大な権力を振るっていたというおなじみの神話をもちだすことなく、この祝典の社会的側面に注意を向けている。その点を踏まえて、私もさらに議論を深めようとした。ところが、どういうわけか、古川は愛国主義的・拡張主義的な方向性を打ちだす二千六百年記念行事のイデオロギー的側面を過小評価し、こうしたテーマへの言及をほとんどしていないか、あるいはまったく避けている」(6)、つまり、行事の受容実態についての検討の視野が狭いと指摘して、祝祭にかかわる消費とナショナリズムの関係について検討している。

ルオフ氏は、橿原神宮参拝だけでなく、その他の聖蹟の観光、朝鮮や「満洲」など植民地の観光、在外邦人の日本訪問などを事例としてとりあげ、「国の史跡観光」は「現行の国家イデオロギー〔中略〕を流布させる手段」であり、「何千万もの日本人は〔中略〕心からこの国家主義的な、まぎれもなく愛国的な祖国の祝典を受け入れていた」とし、一連の行事は「反動的モダニズムの産物」としている。(7) イベントの目的とされた政治思想の人々への影響をもっと考えるべきだというのである。

これに対し、右田裕規氏は、明治期から昭和初期の日本における国家的祝祭を契機とした経済活動の実態を検討し、「祝祭時の経済的主体を駆動し支配していたのはどこまでも、資本制的な知と論理」であり、「〈国民〉を〈消費者〉へと転倒させることが経済主体にとっての至上命題」だったことを明らかにし、ルオフ氏の見解を批判した。(8) また、平山昇氏は、初詣の歴史を研究した著書の中で、「娯楽とナショナリズムの関係については、国民にとって前者が本音で後者が建前であったと強調する研究もあるが」として、本書を引きながら、「そもそも両者を二者択一の関係と考えなければならないという必然性はない〔中略〕相乗関係にあった可能性も検討する必要がある」(9) とさらに踏み込んだ見解を示している。(10)

小著『建国神話の社会史』では、こうした議論をふまえて、「建国神話」を題材に、近現代日本における国家イデオロギーと人々との関係について考察し、その文脈から改めて紀元二千六百年奉祝の実態についても検討した。(11) その結果は右田氏の見解を概ね支持するものとなったが、この論点は、近現代日本の歴史像を考える上で重要な論点であり、今後も様々な事例をもとに議論が深められていくと思われる。

本書がこのたびの復刊を契機に、そうした議論の手がかりとして、さらにそれにとどまらず、広く人類社会の歴史と現状、さらに未来を考える手がかりの一つとして（批判的にであっても）活用されていくのであれば、著書としてこれ以上の喜びはない。

注

（1）『毎日新聞』一九九八年五月一〇日付朝刊一一面に掲載。

（2）増刷に至らなかった原因（の少なくとも一つ）として、新書としては文章が読みづらかったことがあるようだ。それは、版元のある編集者（小著担当者とは別人）から直話で聞いたことがあるだけでなく、「反天皇制運動連絡会」というグループが学習会で本書を取り上げた際のレポート（二〇一八年三月六日付、加藤匡通執筆）にも、「記述も平坦、正直読み通すのが辛かった。それは僕一人ではなかったようで、僕の報告が終わるなりみんな口々にいかに読みづらい本だったかを語りだし、報告者にまで同情を寄せられる始末。こんな本も珍しい」とある（http://www.ten-no.net/?p=368、二〇一九年一二月二六日閲覧）ことからもうかがえる。ただし、新書といっても堅い文体のものは別に珍しくなく、新書刊行時の担当編集者の早川幸彦氏は、文体の硬さという問題点を超える、本書の学術的な価値を認めてくださったのである。そして、早川氏の判断が正しかったことは、本文でこの後紹介する、その後の学術的な影響を見れば明らかである。

（3）当時、ゆまに書房の担当者から聞いた話では、右翼的な内容の史料集だということが第一回配本分の売れ行き不振の要因だということであった。せっかく書いた解説が宙に浮くかと心配したが、担当者が必死に営業してくださったためであろう、三年後に後半も第二回配本として出て、ほっとしたのを覚えている。ありがたいことに現時点では完売し、第二回配本分がオンデマンド扱いとなっている（http://www.yumani.co.jp/np/isbn/4897147271、二〇一九年一二月二六日閲覧）。なお、「日本は何を「宣伝」してきたのか［鼎談］柏木博・松浦寿夫・古川隆久」（『たて組ヨコ組』五二号、一九九九年七月）も本書の影響による企画といえる。

（4）その例として、本文で触れるものを除き、管見の限りだけでも、金子淳『博物館の政治学』（青弓社、二〇〇一年）、吉見俊哉「一九三〇年代という問題」（吉見俊哉編『一九三〇年代のメディアと身体』青弓社、二〇〇二年）、戸ノ下達也「戦時下のオーケストラ――日響・東響・大東亜響の活動に見る」（渡辺裕・増田聡編『クラシック音楽の政治学』青弓社、二〇〇五年）、東條文規『図書館の政治学』（青弓社、二〇〇六年）、山本拓司「神宮外苑の文化史――帝国とスポーツ」（山岸健編『社会学の饗宴Ⅱ　逍遥する記憶：旅と里程標』三和書籍、二〇〇七年）、小澤考人「アジアのオリンピック・東亜競技大会――紀元二千六百年の祝典」（坂上康博・高岡裕之編著『幻のオリンピックとその時代』青弓社、二〇〇九年）、坂口英伸『モニュメントの二〇世紀――タイムカプセルが伝える〈記録〉と〈記憶〉』（吉川弘文館、二〇一五年）、浜田幸絵『日本におけるメディア・オリンピックの誕生――ロサンゼルス・ベルリン・東京』（ミネルヴァ書房、二〇一六年）、夫馬信一『幻の東京五輪・万博１９４０』（原書房、二〇一六年）、西尾林太郎『阪谷芳郎』（吉川弘文館、二〇一九年）などがある。

(5) このテーマでの研究報告を依頼されたこともあり、「大衆消費と天皇―大正・昭和戦前期を事例として」というテーマで行われた日本史研究会の例会(二〇一七年一一月一九日)では、「紀元2600年奉祝をめぐって―「皇室ブランド」を中心に―」と題して、「周年の祝祭―皇紀2600年・明治100年・明治150年―」というテーマで行われた第一七回文化資源学フォーラム(主催:東京大学大学院人文社会系研究科文化資源学研究室)では、「紀元二六〇〇年奉祝の諸相」と題して報告した。このテーマが、近代社会を考える上で魅力的なものだと考えられていることがうかがえる。また、本書を読んだ戸ノ下達也氏からのお誘いで、一九九九年の洋楽文化史研究会の創立に際し、立ち上げメンバーの一人に加えていただくことにもなった。
(6) ケネス・ルオフ(木村剛久訳)『紀元二千六百年―消費と観光のナショナリズム』(朝日新聞出版、二〇一〇年)注1。
(7) 同右、二八八、二九〇頁。
(8) 右田裕規「祝祭の経済的効用にかかわる知の形成:大正・昭和初期」(『やまぐち地域社会研究』第一〇号、二〇一二年)五二~五三頁。
(9) 平山昇『初詣の社会史――鉄道が生んだ娯楽とナショナリズム』(東京大学出版会、二〇一五年)一〇頁。
(10) 菅沼明正「紀元二六〇〇年における奈良県の「聖地」参拝者像」(『交通史研究』第九五号、二〇一九年)は、統計的な検討も含め、本書の見解を裏付ける知見を打ち出している。
(11) 二〇二〇年中央公論新社刊。紀元二千六百年に関する話題を扱っているのは第三章と第五章である。

ルオフ、平山両氏の『皇紀・万博・オリンピック』への批判については第三章注四〇を参照。

本書の原本は、一九九八年に中央公論社より刊行されました。

著者略歴
一九六二年　東京都生まれ
一九九二年　東京大学大学院人文科学研究科博士課程修了　博士（文学）
現　在　日本大学文理学部教授

〔主要著書〕
『昭和戦中期の総合国策機関』（吉川弘文館、一九九二年）、『戦時議会』（吉川弘文館、二〇〇一年）、『戦時下の日本映画』（吉川弘文館、二〇〇三年）、『昭和天皇』（中央公論新社、二〇一一年、サントリー学芸賞）

読みなおす日本史

皇紀・万博・オリンピック
皇室ブランドと経済発展

二〇二〇年（令和二）五月一日　第一刷発行

著　者　古《ふる》川《かわ》隆《たか》久《ひさ》
発行者　吉川道郎
発行所　株式会社　吉川弘文館
郵便番号一一三―〇〇三三
東京都文京区本郷七丁目二番八号
電話〇三―三八一三―九一五一〈代表〉
振替口座〇〇一〇〇―五―二四四
http://www.yoshikawa-k.co.jp/
組版＝株式会社キャップス
印刷＝藤原印刷株式会社
製本＝ナショナル製本協同組合
装幀＝渡邉雄哉

ISBN978-4-642-07116-1

刊行のことば

現代社会では、膨大な数の新刊図書が日々書店に並んでいます。昨今の電子書籍を含めますと、一人の読者が書名すら目にすることができないほどとなっています。ましてや、数年以前に刊行された本は書店の店頭に並ぶことも少なく、良書でありながらめぐり会うことのできない例は、日常的なことになっています。

人文書、とりわけ小社が専門とする歴史書におきましても、広く学界共通の財産として参照されるべきものとなっているにもかかわらず、その多くが現在では市場に出回らず入手、講読に時間と手間がかかるようになってしまっています。歴史の面白さを伝える図書を、読者の手元に届けることができないことは、歴史書出版の一翼を担う小社としても遺憾とするところです。

そこで、良書の発掘を通して、読者と図書をめぐる豊かな関係に寄与すべく、シリーズ「読みなおす日本史」を刊行いたします。本シリーズは、既刊の日本史関係書のなかから、研究の進展に今も寄与し続けているとともに、現在も広く読者に訴える力を有している良書を精選し順次定期的に刊行するものです。これらの知の文化遺産が、ゆるぎない視点からことの本質を説き続ける、確かな水先案内として迎えられることを切に願ってやみません。

二〇一二年四月

吉川弘文館

読みなおす日本史

飛鳥 その古代史と風土
門脇禎二著
二五〇〇円

犬の日本史 人間とともに歩んだ一万年の物語
谷口研語著
二一〇〇円

鉄砲とその時代
三鬼清一郎著
二一〇〇円

苗字の歴史
豊田　武著
二一〇〇円

謙信と信玄
井上鋭夫著
二三〇〇円

環境先進国・江戸
鬼頭　宏著
二一〇〇円

料理の起源
中尾佐助著
二一〇〇円

暦の語る日本の歴史
内田正男著
二一〇〇円

漢字の社会史 東洋文明を支えた文字の三千年
阿辻哲次著
二一〇〇円

禅宗の歴史
今枝愛真著
二六〇〇円

江戸の刑罰
石井良助著
二一〇〇円

地震の社会史 安政大地震と民衆
北原糸子著
二八〇〇円

日本人の地獄と極楽
五来　重著
二一〇〇円

幕僚たちの真珠湾
波多野澄雄著
二二〇〇円

秀吉の手紙を読む
染谷光廣著
二一〇〇円

大本営
森松俊夫著
二二〇〇円

日本海軍史
外山三郎著
二一〇〇円

史書を読む
坂本太郎著
二一〇〇円

山名宗全と細川勝元
小川　信著
二二〇〇円

東郷平八郎
田中宏巳著
二四〇〇円

昭和史をさぐる
伊藤　隆著
二四〇〇円

歴史的仮名遣い その成立と特徴
築島　裕著
二二〇〇円

読みなおす日本史

地理から見た信長・秀吉・家康の戦略　足利健亮著　二二〇〇円
神々の系譜 日本神話の謎　松前　健著　二四〇〇円
古代日本と北の海みち　新野直吉著　二二〇〇円
白鳥になった皇子 古事記　直木孝次郎著　二二〇〇円
島国の原像　水野正好著　二四〇〇円
入道殿下の物語 大鏡　益田　宗著　二二〇〇円
中世京都と祇園祭 疫病と都市の生活　脇田晴子著　二二〇〇円
吉野の霧 太平記　桜井好朗著　二二〇〇円
日本海海戦の真実　野村　實著　二二〇〇円
古代の恋愛生活 万葉集の恋歌を読む　古橋信孝著　二四〇〇円
木曽義仲　下出積與著　二二〇〇円

足利義政と東山文化　河合正治著　二二〇〇円
僧兵盛衰記　渡辺守順著　二二〇〇円
朝倉氏と戦国村一乗谷　松原信之著　二二〇〇円
本居宣長 近世国学の成立　芳賀　登著　二二〇〇円
江戸の蔵書家たち　岡村敬二著　二四〇〇円
古地図からみた古代日本 土地制度と景観　金田章裕著　二二〇〇円
「うつわ」を食らう 日本人と食事の文化　神崎宣武著　二二〇〇円
角倉素庵　林屋辰三郎著　二二〇〇円
江戸の親子 父親が子どもを育てた時代　太田素子著　二二〇〇円
埋もれた江戸 東大の地下の大名屋敷　藤本　強著　二五〇〇円
真田松代藩の財政改革 『日暮硯』と恩田杢　笠谷和比古著　二二〇〇円

吉川弘文館
（価格は税別）

読みなおす日本史

鎌倉幕府の転換点 『吾妻鏡』を読みなおす
永井　晋著　二二〇〇円

奈良の寺々 古建築の見かた
太田博太郎著　二二〇〇円

日本の神話を考える
上田正昭著　二二〇〇円

信長と家康の軍事同盟 利害と戦略の二十一年
谷口克広著　二二〇〇円

軍需物資から見た戦国合戦
盛本昌広著　二二〇〇円

武蔵の武士団 その成立と故地を探る
安田元久著　二二〇〇円

天皇家と源氏 臣籍降下の皇族たち
奥富敬之著　二二〇〇円

卑弥呼の時代
吉田　晶著　二二〇〇円

皇紀・万博・オリンピック 皇室ブランドと経済発展
古川隆久著　二二〇〇円

日本の宗教 日本史・倫理社会の理解に
村上重良著　（続　刊）

古代日本語発掘
築島　裕著　（続　刊）

戦国仏教 中世社会と日蓮宗
湯浅治久著　（続　刊）